AF156201

Marco Kern

Kreditderivate

Marco Kern

# Kreditderivate

Chancen auf dem Markt
für Bonitätsrisiken

GABLER

Bibliografische Information Der Deutschen Bibliothek
Die Deutsche Bibliothek verzeichnet diese Publikation in der Deutschen Nationalbibliografie;
detaillierte bibliografische Daten sind im Internet über <http://dnb.ddb.de> abrufbar.

ISBN-13:978-3-322-87013-1          e-ISBN-13:978-3-322-87012-4
DOI: 10.1007/978-3-322-87012-4

1. Auflage September 2003

Alle Rechte vorbehalten
© Betriebswirtschaftlicher Verlag Dr. Th. Gabler/GWV Fachverlage GmbH, Wiesbaden 2003
Softcover reprint of the hardcover 1st edition 2003
Lektorat: Guido Notthoff / Karin Janssen

Der Gabler Verlag ist ein Unternehmen der Fachverlagsgruppe BertelsmannSpringer.
www.gabler.de

 Das Werk einschließlich aller seiner Teile ist urheberrechtlich geschützt. Jede
Verwertung außerhalb der engen Grenzen des Urheberrechtsgesetzes ist ohne
Zustimmung des Verlags unzulässig und strafbar. Das gilt insbesondere für
Vervielfältigungen, Übersetzungen, Mikroverfilmungen und die Einspeicherung
und Verarbeitung in elektronischen Systemen.

Die Wiedergabe von Gebrauchsnamen, Handelsnamen, Warenbezeichnungen usw. in diesem Werk
berechtigt auch ohne besondere Kennzeichnung nicht zu der Annahme, dass solche Namen im
Sinne der Warenzeichen- und Markenschutz-Gesetzgebung als frei zu betrachten wären und daher
von jedermann benutzt werden dürften.

Umschlaggestaltung: Nina Faber de.sign, Wiesbaden
Druck und buchbinderische Verarbeitung: Wilhelm & Adam, Heusenstamm
Gedruckt auf säurefreiem und chlorfrei gebleichtem Papier

# Vorwort

Bereits das erste Mal, als ich von Kreditderivaten gehört hatte, war ich fasziniert von deren vielfältigen Anwendungsmöglichkeiten. Insbesondere das große Potenzial, das noch im Kreditderivatemarkt schlummert, war für mich von besonderem Reiz. Dies war letztendlich ausschlaggebend, eine Veröffentlichung über die Chancen auf dem Markt der Bonitätsrisiken zu schreiben. Mein Anliegen war dabei der Versuch, die Entwicklungshemmnisse des Kreditderivatemarktes aufzuzeigen und Möglichkeiten zur Überwindung dergleichen zu beschreiben.

Das hier vorliegende Werk wurde mit der Unterstützung der DZ BANK AG in Frankfurt erstellt. Dabei möchte ich vor allem Herrn Thorsten Lange und Herrn Michael Wiehagen für die sehr gute Betreuung und zahlreiche anregende Diskussionen bedanken.

Mein ganz besonderer Dank gilt Herrn Prof. Dr. Arno Peppmeier, Fachhochschule Mainz. Von ihm habe ich sehr viel lernen dürfen. Er hat mich stets unterstützt und war immer für meine zahlreichen Fragen und Ideen aufgeschlossen.

Weiterhin möchte ich meinen Eltern von ganzem Herzen danken, die mich während meines bisherigen Werdegangs nicht nur finanziell unterstützten.

Dieses Buch widme ich meiner zukünftigen Frau Martina Blum.

Rülzheim, September 2003                                    MARCO KERN

# Geleitwort

Durch Kreditderivate ist die Möglichkeit gegeben, Bonitätsrisiken losgelöst von einer Forderung zu übertragen. Dieser Möglichkeit kommt insbesondere unter dem Aspekt der objektiven und subjektiven Gestaltung von Kreditportfoliostrukturen und dem Streben nach Absicherung eingegangener Bonitätsrisiken eine große Bedeutung zu.

Daher hat kaum ein weiteres Finanzinstrument seit Mitte der neunziger Jahre ein stärkeres Wachstum aufgewiesen als Kreditderivate. Jedoch gilt dies nicht uneingeschränkt für den gesamten Bereich dieser Finanzinstrumente. Während Handelsvolumen und Fungibilität von Kreditderivaten, deren Referenzaktivum eine ständige Bewertung durch den Kapitalmarkt erfuhr, die erwähnte Entwicklung nahmen, blieb das Segment der Kreditderivate, deren Referenzaktiva insbesondere durch kleinere Unternehmen dargestellt werden, die nicht der ständigen Beobachtung des Kapitalmarktes unterlagen, deutlich hinter dieser Entwicklung zurück. Dadurch waren gerade den Sparkassen und Genossenschaftsbanken aufgrund ihrer Kreditportfoliostruktur bisher weitgehend die Möglichkeit genommen, Kreditportfoliogestaltungen durch den Einsatz dieser Derivate vorzunehmen.

Diese Arbeit befasst sich nach einer umfassenden und tiefgehenden Einführung in das Thema Kreditderivate mit der Erfassung und Erläuterung der Bestimmungsgrößen begrenzter Fungibilität dieser Finanzinstrumente, um danach die Notwendigkeiten zur Erhöhung der Fungibilität zu erarbeiten. Dadurch leistet dieses Buch einen wertvollen Beitrag zur Findung von Rahmenbedingungen, die geeignet sind den Markt der Kreditderivate in seiner ganzen Breite auch für weitere Marktteilnehmergruppen nutzbar zu machen.

Frankfurt, April 2003                           PROF. DR. ARNO PEPPMEIER

# Inhaltsverzeichnis

# 1. Einleitung

## 1.1 Problemstellung und Zielsetzung

Worldcom, Enron auf internationaler Ebene oder Kirch Media, Fairchild Dornier, Babcock Borsig in Deutschland sind Unternehmen, die mittlerweile traurige Bekanntheit erlangten. Die Insolvenzen dieser Unternehmen sowie die jüngsten Turbulenzen in den südostasiatischen, lateinamerikanischen und osteuropäischen Märkten, bedingt durch eine rapide Verschlechterung der Bonitätseinschätzung, haben nicht nur das Vertrauen der Anleger an den Kapitalmärkten erheblich gestört, sondern führten auch zu erheblichen Verlusten in den Portfolios der Banken.[1]

Durch die weltweit geringe Inflation, die zu verzeichnenden Zinssenkungen sowie durch einen wachsenden Wettbewerbsdruck am Kapitalmarkt erfolgte in den letzten Jahren eine Verringerung der Margen, die Kreditinstitute im traditionellen Kreditgeschäft erzielen konnten.[2] Die „Buy-and-Hold-Strategie" beschreibt dabei am treffendsten das Verständnis der Banken als Finanzintermediäre im traditionellen Kreditgeschäft, das heißt Kredite wurden bis zum Laufzeitende in der Bankbilanz gehalten und bei Endfälligkeit zumeist verlängert.[3]

Gute Margen konnten oft nur bei solchen Krediten erzielt werden, die mit einem höheren Ausfallrisiko behaftet waren, woraus allerdings eine gefährliche Konzentration dieser Kredite in den Portfolios resultiert.[4] Dabei kommt vor allem dem Management von Kreditrisiken eine stärkere Bedeutung zu, denn die Erlöse aus dem Kreditgeschäft stellen eine wesentliche Ertragskomponente für Kreditinstitute dar.[5]

In dieser Situation haben sich Kreditderivate als Hilfsmittel zum Risikomanagement etabliert. Dabei vervollständigen diese neuen derivativen Finanzinstrumente zwischen den scheinbar unvereinbaren Welten des öffentlichen Kapitalmarktes und des Bankkredits die Finanzmärkte. Sie schaffen neue Anlage- und Diversifikationsmöglichkeiten und stellen dadurch für die Teilnehmer ein Instrument zur Steuerung ihrer Kreditrisiken dar.[6]

Allerdings befindet sich der Markt der Kreditderivate noch in seiner Entwicklungsphase. Die Marktteilnehmer entdecken erst sukzessive die Einsatzmöglichkeiten und Vorzüge dieser Finanzinnovationen. Es ist festzustellen, dass noch diverse Hemmnisse eine höhere Fungibilität des Kreditderivatemarktes verhindern.

---

1  Vgl. Eller, R./Gruber, W./Reif, M. (Hrsg.) (1999), S. VII.
2  Vgl. Hüttemann, P. (1999), S. 1.
3  Vgl. Krumnow, J. (1999), S. 120.
4  Vgl. Hüttemann, P. (1999), S. 1.
5  Vgl. Hanker, P. (2002), S. 36.
6  Vgl. Burghof, H.-P./Henke, S./Rudolph, B./Schönbucher, P. J./Sommer, D. (Hrsg.) (2000), Vorwort.

Vor diesen Hintergrund stellt sich die Frage, welche Faktoren die Entwicklung des Marktes der Kreditderivate derzeit begrenzen. Dieser Frage soll in diesem Buch nachgegangen werden. Ferner wird untersucht werden, welche Maßnahmen notwendig wären, um die Hemmnisse abzubauen und die Fungibilität des Kreditderivatemarktes zu erhöhen. Dadurch sollen nicht zuletzt Antworten auf praktische Probleme geliefert werden.

# 1.2 Gang der Untersuchung

Im Rahmen dieses Buches werden zunächst die am Markt befindlichen Kreditderivate, deren Anwendungsmöglichkeiten und Pricing sowie der Kreditderivatemarkt selbst dargestellt. Diese Schritte stellen die notwendige Grundlage dar, um dann die Ursachen für die mangelnde Fungibilität heraus arbeiten zu können und Maßnahmen zur Erhöhung der Fungibilität aufzuzeigen.

In Kapitel 2 erfolgt zunächst eine grundsätzliche Definition der Begriffe „Kredit", „Kreditrisiko" und „Kreditrisikomanagement", die die Grundlage für das weitere Vorgehen darstellen.

Die grundlegenden Konstruktionen und die Preisermittlung von Kreditderivaten sowie deren Ausgestaltung werden im dritten Kapitel vorgestellt. Hierfür wird zunächst das Finanzinstrument und dessen wichtigsten vertraglichen Elemente definiert.

Im Rahmen des vierten Kapitels werden verschiedene Anwendungsmöglichkeiten von Kreditderivaten im Risikomanagement beschrieben. Dabei wird insbesondere auf das Aktivmanagement, das Passivmanagement und den Eigenhandel eingegangen.

Das fünfte Kapitel beschäftigt sich ausführlich mit dem Markt für Kreditderivate. Die Entstehung und die bisherige Entwicklung werden ebenso wie die Struktur des Kreditderivatemarktes veranschaulicht. Des weiteren wird ein Ausblick auf mögliche Entwicklungstendenzen für diese neuartigen Instrumente gegeben.

Kapitel 6 zeigt die diversen Entwicklungshemmnisse des Kreditderivatemarktes auf und beschreibt deren Auswirkungen. Untersucht wird in diesem Abschnitt insbesondere inwiefern diese Hemmnisse begrenzend auf die Fungibilität des Marktes wirken.

Die Notwendigkeiten zur Erhöhung der Fungibilität des Marktes der Kreditderivate werden im siebten Kapitel dargestellt. Hier sollen Möglichkeiten die zum Abbau der Entwicklungshemmnisse führen heraus gearbeitet werden. Dabei wird aber auch auf bereits durchgeführte Maßnahmen beziehungsweise Projekte eingegangen.

Das achte Kapitel fasst schließlich die wesentlichen Ergebnisse dieses Buches zusammen.

# 2. Kredit, Kreditrisiko und Kreditrisikomanagement

Der Begriff Kredit findet seinen Ursprung in dem lateinischen Wort „credere" = glauben, Vertrauen schenken[1] und bezeichnet die befristete Überlassung von Kaufkraft durch einen Kreditgeber (Gläubiger) und das damit verbundene Vertrauen in die Fähigkeit und Bereitschaft des Kreditnehmers (Schuldner), Schuldverpflichtungen in Form von Zins- und Tilgungsleistungen ordnungsgemäß zu erfüllen.[2]

Im Rahmen dieses Buches soll unter Kredit die Bereitstellung von Geld, beispielsweise in Form eines Darlehens (seit der Schuldrechtmodernisierung zum 01. Januar 2002 in §§ 488 ff. BGB), beziehungsweise die Übernahme der Haftung des Kreditgebers gegenüber einem Dritten für die ordnungsgemäße Erfüllung eines Geschäftes durch den Kreditnehmer, beispielsweise in Form einer Bürgschaft (§§ 765 ff. BGB), verstanden werden.[3]

Das Kreditrisiko, als eine spezielle Gattung des Adressenausfallrisikos,[4] stellt für den Kreditgeber die Gefahr der Bonitätsverschlechterung eines Kreditnehmers bis hin zum Default dar. Der Default bezeichnet den teilweisen oder vollständigen Ausfall oder die nicht termingerechte Zahlung der zwischen Gläubiger und Schuldner vereinbarten Leistung.[5] Die Verpflichtungen zur ordnungsgemäßen Leistungserbringung beinhalten neben Zins- und Tilgungsleistungen aus einer Kreditvergabe oder Anleihezeichnung auch zu Verlusten führende Marktpreisveränderungen beispielsweise eines derivativen Geschäftes.[6]

Im Rahmen der Betrachtung von Kreditrisiken im Verbund mit anderen Risiken wie etwa Marktrisiken in Form von Zins-, Aktienkurs- und Währungsrisiken[7] spielt das Kreditrisikomanagement eine wichtige Rolle. Als Teilbereich des allgemeinen Risikomanagements beinhaltet es neben der Beherrschung aller Risiken, die sich aus dem Kreditgeschäft einer Bank ergeben auch die zur Identifikation, Messung und Steuerung von Kreditrisiken notwendigen Instrumente.[8]

---

1   Vgl. Sauter, W. (2000), S. 451.
2   Vgl. Adrian, R./Heidorn, T. (Hrsg.) (2000), S. 397-398.
3   Vgl. Hüttemann, P. (1999), S. 6.
4   Vgl. Pechtl, A. (1999), S. 213.
5   Vgl. Hüttemann, P. (1999), S. 7.
6   Vgl. Weber, M. (1999), S. 463-464.
7   Vgl. Schwaiger, W. S. A. (2000), S. 377.
8   Vgl. Peiß, S. (1998), S. 26.

3

# 3. Kreditderivate

Zur Grundlagenbildung ist es notwendig, neben der Definition des Begriffes „Kreditderivat" auch die wesentlichen Vertragselemente, die verschiedenen Ausprägungsformen sowie eine exemplarische Preisermittlung von Kreditderivaten darzustellen.

## 3.1 Definition des Begriffes „Kreditderivat"

Bei Derivaten im Allgemeinen (lat. „derivare" = ableiten) handelt es sich um Finanzinstrumente, deren Wert aus der Wertentwicklung (Performance) anderer Finanztitel (Underlying, Basisinstrument) abgeleitet wird.[1] Die Basisinstrumente können sowohl konkrete als auch synthetische Vermögensgegenstände sein, beispielhaft seien Aktien, Zinsen oder Indizes genannt.[2]

Derivative Geschäfte können sowohl börslich als auch außerbörslich (over the counter, OTC) getätigt werden. Typisch für außerbörslich gehandelte Derivate ist, dass es weder feste Ausstattungsmerkmale noch feste Abwicklungsmodalitäten gibt. Allerdings haben sich in der Praxis mittlerweile gewisse Standardisierungen in Form von Rahmenverträgen, beispielsweise von der International Swaps and Derivatives Association (ISDA), herausgebildet, auf welche sich die Vertragspartner üblicherweise beziehen.[3]

Während mit den bisher bekannten derivativen Finanzinstrumenten lediglich eine Trennung und der separate Handel einzelner Marktrisikobestandteile in Form von Zins-, Aktien- und/oder Währungsrisiken von den ihnen zugrundeliegenden Basisinstrumenten durchführbar war, erweitern die in den letzten Jahren entwickelten Kreditderivate die Möglichkeiten auch auf Kreditrisiken.[4]

Kreditderivate sind Finanzinstrumente, die individuell vereinbart und nur auf außerbörslichen Märkten gehandelt werden. Sie ermöglichen es, Kreditrisiken von Darlehen, Anleihen und anderen Kreditpositionen außerbilanziell zu separieren, sie neu zu bündeln und auf andere Marktteilnehmer zu transferieren.[5] Die Mindestgröße beläuft sich dabei aktuell auf cirka fünf Millionen Euro.[6] Dabei erfolgt die Übertragung des Kreditrisikos entweder über die gesamte Laufzeit der Forderung oder einen kürzeren Zeitraum.[7]

---

1 Vgl. Hartmann-Wendels, T./Pfingsten, A./Weber, M. (2000), S. 295.
2 Vgl. Becker, H. P./Peppmeier, A. (2002), S. 296-297.
3 Vgl. Barckow, A./Beike, R. (2002), S. 8.
4 Vgl. Büschgen, H. E. (1998), S. 970.
5 Vgl. Boos, K.-H./Meyer-Ramloch, D. (1999), S. 644.
6 Persönliche Information durch Wellmann, H. (11. November 2002).
7 Vgl. Pechtl, A. (1999), S. 213.

Es handelt sich demnach um Vereinbarungen, die es dem Risikoverkäufer (Sicherungsnehmer, Protection Buyer) ermöglichen, das zugrunde liegende Kreditrisiko gegen Zahlung einer Prämie auf den Risikokäufer (Sicherungsgeber, Protection Seller) zu übertragen. Der Sicherungsgeber übernimmt das Kreditrisiko, ohne die zugrunde liegende Forderung zu erwerben, und er ist bei Eintritt eines vertraglich fixierten Ereignisses zur Zahlung einer Ausgleichsleistung an den Sicherungsnehmer verpflichtet. Während der Risikokäufer lediglich das Kreditrisiko und nicht das Basisinstrument übernimmt, hält der Risikoverkäufer nach der Transaktion nur noch die kreditrisikolose Liquiditätskomponente des Basisinstruments und, mit Ausnahme der Credit Linked Note[8], das Kontrahentenrisiko.[9]

Dadurch, dass Kreditderivate, als eine neue Form der Derivate,[10] üblicherweise unter standardisierten Rahmenverträgen abgeschlossen werden, einer laufenden Marktbewertung unterliegen sowie einem besonderen Risikocontrolling und -management unterworfen sind, unterscheiden sie sich von anderen, traditionellen Formen der Übertragung von Kreditrisiken, wie Gewährleistungen oder dinglicher Besicherung. Ein weiterer Unterschied besteht darin, dass die Inanspruchnahme des Sicherungsgebers aus dem Kreditderivat nicht unmittelbar eine Forderung gegenüber dem Schuldner des Underlyings begründet.[11]

# 3.2 Vertragselemente einer Kreditderivatetransaktion

Obwohl Transaktionen mit Kreditderivaten aufgrund des außerbörslichen Handels individuelle Vereinbarungen ermöglichen, werden in der Praxis bei Vertragsgestaltung und Dokumentation zunehmend standardisierte Lösungen, zum Beispiel in Form der ISDA-Rahmenverträge, gesucht.[12] Um ein Verständnis für die Funktionsweise von Kreditderivaten zu erlangen, werden nachfolgend die wichtigsten Vertragselemente vorgestellt.

## 3.2.1 Underlying und Reference Asset

Ein Vermögensgegenstand, ein Aktivposten im Bestand des Risikoverkäufers, der durch ein Kreditderivat abgesichert werden soll, wird als Risikoaktivum (Underlying, Basisinstrument) bezeichnet. Daneben muss bei Vertragsabschluss ein Instrument festgelegt werden, dessen Wertveränderung objektiv den Eintritt eines Kreditereignisses feststellt und

---

8  Siehe Kapitel 3.3.2.4.
9  Vgl. Becker, H. P./Peppmeier, A. (2002), S. 370.
10  Vgl. Hüttemann, P. (1999), S. 23.
11  Vgl. o. V. (18. Juni 1999), S. 6.
12  Vgl. Barckow, A./Beike, R. (2002), S. 8.

6

die daraus resultierende Ausgleichszahlung festlegt. Dieses Instrument wird als Referenzaktivum (Reference Asset) bezeichnet.[13]

Reference Asset und Underlying können zwar identisch sein, weichen jedoch in den meisten Fällen voneinander ab. Als Referenz kommen beispielsweise ein Rating, einzelne Kredite oder Anleihen, aber auch Indizes oder Körbe kreditrisikosensitiver Instrumente (Baskets) in Betracht.[14] Rating ist ein Instrument zur Einschätzung der Kreditwürdigkeit eines Unternehmens.[15]

## 3.2.2 Credit Event

Ein vorher festgelegtes, vertraglich fixiertes Ereignis (Kreditereignis, Credit Event) beschreibt die negative Bonitätsveränderung eines Referenzaktivums und verpflichtet den Risikokäufer während der Laufzeit des Kreditderivats bei Eintritt dieses Ereignisses zur Zahlung eines Ausgleichs an den Risikoverkäufer.[16] Dabei ist es notwendig, dass der Eintritt eines Credit Events durch eine neutrale, öffentliche Nachrichtenquelle (Publicly Available Information) bestätigt wird und dass der Wertverlust einen vorgegebenen Prozentsatz des Nennwerts des Reference Assets überschreitet.[17]

Aufgrund der zentralen Bedeutung des Credit Events in einem Kreditderivatevertrag ist eine klare Definition notwendig. Die ISDA bietet mittlerweile allgemein anerkannte Standards, auf die sich die jeweiligen Vertragspartner, eventuell in Verbindung (Bridge Clause) mit dem deutschen Rahmenvertrag für Finanztermingeschäfte, beziehen können.[18] Ein solches Ereignis kann etwa die Insolvenz des als Basisinstrument dienenden Unternehmens oder eine bestimmte Herabsetzung eines Ratings sein.[19]

Bisher wurden in Europa auch Zahlungsverweigerung/Moratorium sowie das vorzeitige Fälligwerden der Verbindlichkeiten des Unternehmens (Cross Acceleration) als Credit Event anerkannt. Im April 2002 fand mit deren Streichung allerdings eine Angleichung an die amerikanischen Standards statt.[20]

## 3.2.3 Credit Event Payment

Tritt ein Credit Event ein, ist der Risikokäufer zur Zahlung eines Ausgleichs (Credit Event Payment) an den Risikoverkäufer verpflichtet. Die Abwicklung kann dabei als Cash Settlement, Physical Settlement oder als Binary Settlement erfolgen.

---

13  Vgl. Boos, K.-H./Meyer-Ramloch, D. (1999), S. 644.
14  Vgl. Burghof, H.-P./Henke, S. (1999), S. 726.
15  Vgl. Kapitel 6.3.1.
16  Vgl. Savelberg, A. H. (2002), S. 329.
17  Vgl. Burghof, H.-P./Henke, S. (1999), S. 726.
18  Vgl. Euler, A./Holschuh, K. (1999), S. 4.
19  Vgl. Becker, H. P./Peppmeier, A. (2002), S. 371.
20  Vgl. Bank for International Settlements (Hrsg.) (04. November 2002).

Beim Cash Settlement (Barausgleich) definiert sich die Höhe der Ausgleichszahlung entweder durch einen festen Prozentsatz vom Nominalbetrag des Basisinstruments oder durch die Differenz zwischen dem Nominalbetrag des Basisinstruments und seinem nach Schadenseintritt bestehenden Marktwert.[21] Die Ermittlung des Marktwertes erfolgt dabei durch eine telefonische Händlerumfrage bei mehreren (in der Regel drei bis fünf) Banken (Dealer poll).[22]

Da eine physische Lieferung eines Kredits rechtlich problematisch und die eines synthetischen oder abstrakten Wertes wie eines Indizes ausgeschlossen ist, kommt die physische Abwicklung (Physical Settlement) meistens nur für am Markt notierte Anleihen in Betracht. Hier erhält der Risikokäufer gegen Zahlung des Nominalwertes das Referenzaktivum und damit auch, im Gegensatz zu den anderen Abwicklungsmodalitäten, eine Forderung gegenüber dem Referenzschuldner.[23]

Ein weiterer Ausgleichsmechanismus stellt das Binary Settlement dar. Hier hat der Risikokäufer einen bei Vertragsabschluss fixierten, vom tatsächlich erlittenen Kreditverlust unabhängigen, Ausgleichsbetrag zu entrichten.[24]

## 3.2.4 Credit Fee

Für die Übernahme des Kreditrisikos erhält der Risikokäufer vom Risikoverkäufer eine Prämie (Credit Fee). Diese wird in der Regel auf den Nennwert des Referenzaktivums berechnet und in Basispunkten ausgedrückt. Ein Basispunkt (BP) entspricht dabei einem Wert von 0,01 Prozent. Die Abschlussgebühr kann entweder zu Beginn der Transaktion oder periodisch (viertel-, halb- oder ganzjährig) gezahlt werden.[25]

# 3.3 Ausprägungsformen von Kreditderivaten

Aufgrund des OTC-Charakters von Kreditderivaten und der damit verbundenen individuellen Ausgestaltung existieren eine Vielzahl verschiedener Ausprägungsformen. Im Laufe der Entwicklung haben sich allerdings vier Arten von Kreditderivaten herausgebildet, die ca. 90 Prozent aller Transaktionen ausmachen:[26] Credit Default Produkte, Credit Spread Produkte, Total Return Produkte sowie Credit Linked Notes.[27] Neben diesen sogenannten Plain Vanilla-Strukturen[28] existieren noch exotische und hybride Produkte wie

---

21  Vgl. Becker, H. P./Peppmeier, A. (2002), S. 372.
22  Vgl. Schierenbeck, H. (2001), S. 325.
23  Vgl. Neske, C. (2000), S. 48-49.
24  Vgl. Neske, C. (2000), S. 48.
25  Vgl. Eilenberger, G. (1997), S. 212.
26  Vgl. Volk, S. L. (1998), S. B2.
27  Vgl. Schierenbeck, H. (2001), S. 325.
28  Vgl. Rösch, D. (2001), S. 8.

zum Beispiel Credit Default Digitals und Rating Options, die jedoch nur einen geringen Marktanteil aufweisen.[29] Dabei ist zu beobachten, dass der Titel „exotisch" nur temporären Charakter hat, da sich diese Finanzinstrumente aufgrund des rasanten Entwicklungstempos sehr schnell zu „Plain Vanilla" entwickeln können.[30]

### 3.3.1 Asset Swap als Grundstein der Kreditderivate

Bei dem in den 80er Jahren entstandenen Asset Swap handelt es sich um die Kombination einer fest verzinslichen Anleihe (Asset) mit einem Zinsswap, der die Festzinszahlungen der Anleihe in variable Zinszahlungen tauscht.[31]

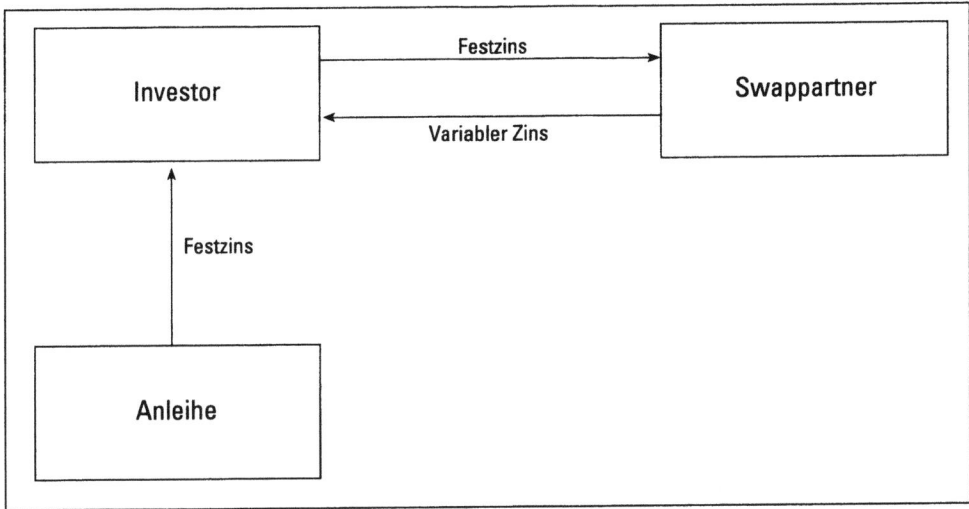

*Abbildung 1: Struktur eines Asset Swaps*
Quelle: Müller, F. ( 2000), S. 22.

Im Rahmen dieser Transaktion wird das Zinsänderungsrisiko der festverzinslichen Anleihe durch den Zinsswap eliminiert und der Asset Swap-Käufer (Investor) trägt lediglich das isolierte Kreditrisiko der Anleihe.[32] Asset Swaps haben somit hinsichtlich ihrer Risikostruktur eine große Ähnlichkeit mit Kreditderivaten[33] und werden daher auch als Vorläufer der Kreditderivate bezeichnet.[34]

---

29  Vgl. Hüttemann, P. (1998), S. 60.
30  Vgl. Posthaus, A. (2000), S. 61.
31  Vgl. Burghof, H.-P./Henke, S. (2000), S. 103-105.
32  Vgl. Burghof, H.-P./Henke, S. (2000), S. 103-104.
33  Vgl. Bowler, T./Folkerts-Landau, D./Knott, D./Moulton, P./Tierney, J. F. (26. Juli 1999), S. 9.
34  Vgl. Burghof, H.-P./Henke, S. (2000), S. 103-104.

### 3.3.2 Grundformen der Kreditderivate

Kreditderivate lassen sich prinzipiell in vier Grundformen unterteilen: Credit Default Produkte, Credit Spread Produkte, Total Return Produkte und Credit Linked Notes.

#### 3.3.2.1 Credit Default Produkte

Die Credit Default Produkte stellen die einfachste und gebräuchlichste Form von Kreditderivaten dar.[35] Dies ist mit ein Grund, warum sich Strukturen dieser Produkte auch in anderen Kreditderivaten, wie die noch zu beschreibenden Credit Linked Notes oder Total Return Swaps, wiederfinden. Credit Default Produkte beinhalten für den Risikokäufer die Verpflichtung, bei Eintritt eines vorab spezifizierten Kreditereignisses (Credit Event) eine Ausgleichszahlung an den Risikoverkäufer zu entrichten.[36]

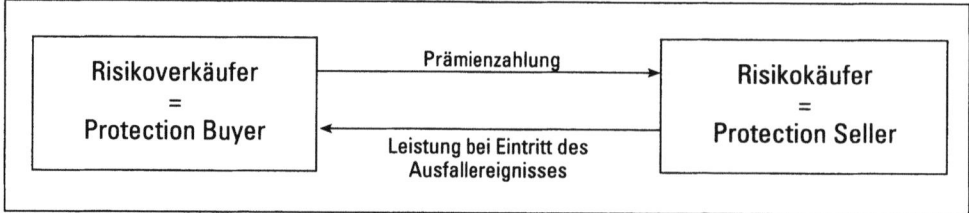

*Abbildung 2: Struktur eines Credit Default Swaps*
Quelle: Becker, Hans Paul; Peppmeier, Arno: Bankbetriebslehre, Ludwigshafen 2002, S. 371

Im Gegenzug zahlt der Protection Buyer für die Absicherung des Kreditrisikos durch Credit Default Produkte eine Art „Versicherungsprämie"[37] als Schutz vor Zahlungsausfall.[38] Wird diese Prämie einmalig zu Beginn des Geschäftes (up front payment) geleistet, bezeichnet die Literatur dieses Konstrukt als Credit Default Option, bei einer periodisch annualisierten Prämienzahlung hingegen als Credit Default Swap (CDS).[39]

Bezüglich der genauen Nomenklatur herrscht jedoch in der Kreditwirtschaft keine Einigkeit, da es strittig ist, ob es sich bei diesen Produkten um Optionen oder Swaps handelt.[40] So bezeichnet etwa die Bundesanstalt für Finanzdienstleistungsaufsicht in Deutschland diesen Finanzkontrakt zwar als Credit Default Swap, ordnet ihn aber gerade aufgrund seiner asymmetrischen Zahlungs- und Risikostruktur als Option ein.[41] Insgesamt ist zu

---

35  Vgl. Euler, A./Holschuh, K. (1999), S. 3.
36  Vgl. Burghof, H.-P./Henke, S. (1999), S. 726.
37  Siehe Credit Fee, Kapitel 3.2.4.
38  Vgl. Harold, P./Prinker, E. (2000), S. 453.
39  Vgl. Rösch, D. (2001), S. 9.
40  Vgl. Auerbach, D./Hashagen, J. (1998), S. 626.
41  Vgl. Bundesanstalt für Finanzdienstleistungsaufsicht (Hrsg.) (16. Juni 1999), S. 3.

beobachten, dass sich in der Praxis die Bezeichnung Credit Default Swap durchgesetzt hat.[42]

### 3.3.2.2  Credit Spread Produkte

Bei Credit Spread Produkten handelt es sich um Kreditderivate, die auf Basis von Optionskontrakten dargestellt werden.[43] Bedeutendster Vertreter dieser Art ist die Credit Spread Option (CSO). Hierbei handelt es sich um eine Option, deren Basiswert als ein Credit Spread zwischen einem risikobehafteten Referenzaktivum und einer quasi-risikolosen Benchmark (bei ansonsten gleichen Konditionen und gleicher Laufzeit) wie zum Beispiel eine Staatsanleihe oder als Aufschlag auf einen entsprechenden LIBOR-Satz definiert ist.[44] Unter dem Credit Spread ist eine in Basispunkten ausgedrückte Risikomarge zu verstehen, die ein Maß für das in Schuldtiteln enthaltene Kreditrisiko ist.[45]

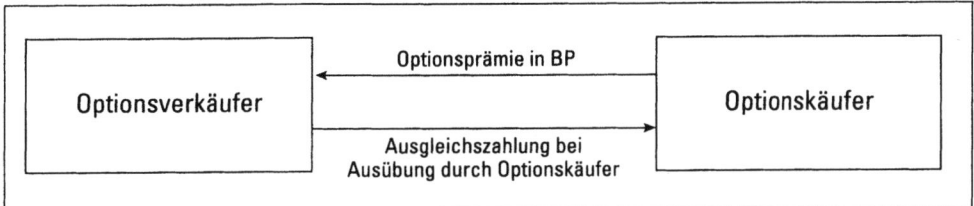

*Abbildung 3: Struktur einer Credit Spread Option*
Quelle: Hüttemann, Petra: Kreditderivate im europäischen Kapitalmarkt, Wiesbaden 1997, S. 37

Der Käufer einer Credit Spread Option erwirbt das Recht, das Reference Asset zu einem festgelegten Credit Spread innerhalb einer bestimmten Frist vom Optionsverkäufer zu kaufen (Call) oder zu verkaufen (Put). Dafür erhält der Verkäufer vom Käufer der Option eine bei Vertragsabschluss fällige Prämie.[46] So entspricht beispielsweise eine Ausweitung des Credit Spreads einer Verschlechterung der Kreditqualität des Referenzschuldners, was wiederum zu einer Erhöhung des Wertes einer Credit Spread Put Option führt.[47]

Neben diesen Credit Spread Options existieren noch weitere Credit Spread Produkte etwa in Form von Rating-Options oder Downgrade-Options. Diese kommen zur Auszahlung, wenn ein Referenzaktivum im Rating herabgestuft wird.[48]

---

42  Vgl. Auerbach, D./Hashagen, J. (1998), S. 626.
43  Vgl. Savelberg, A. H. (2002), S. 329.
44  Vgl. Burghof, H.-P./Henke, S. (2000), S. 23.
45  Vgl. Kretschmer, J. (1999), S. 361-362.
46  Vgl. Schierenbeck, H. (2001), S. 327.
47  Vgl. Becker, H. P./Peppmeier, A. (2002), S. 374.
48  Vgl. Bowler, T./Folkerts-Landau, D./Knott, D./Moulton, P./Tierney, J. F. (26. Juli 1999), S. 22.

### 3.3.2.3 Total Return Produkte

Bei Total Return Produkten wird die gesamte Wertänderung – also nicht nur bonitätsbedingte, sondern zusätzlich auch zinsinduzierte Marktwertänderungen – des Referenzaktivums als Maßstab für die Ausgleichszahlung herangezogen. Total Return Produkte werden derzeit überwiegend als Total Return Swap (TRS), auch Total Rate of Return Swap genannt, ausgestaltet.[49] Dabei tauscht der Risikoverkäufer neben den Erträgen aus dem Risikoaktivum (zum Beispiel eine Anleihe) auch dessen Kurswertänderungen mit dem Risikokäufer gegen die Zahlung eines in der Regel variablen Referenzzinses (in der Regel LIBOR) zuzüglich einer Risikoprämie aus.[50]

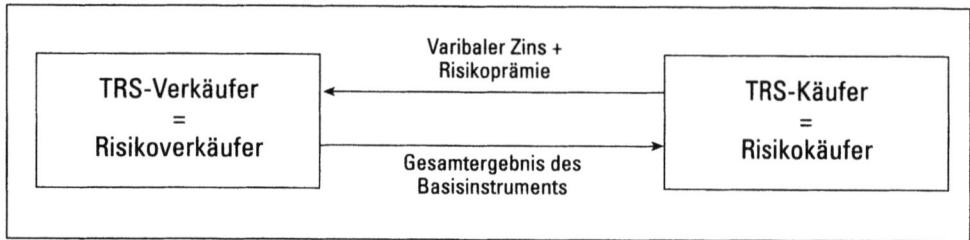

*Abbildung 4: Struktur eines Total Return Swaps*
Quelle: Becker, Hans Paul; Peppmeier, Arno: Bankbetriebslehre, Ludwigshafen 2002, S. 375

Im Gegensatz zum Credit Default Swap finden dabei die Ausgleichszahlungen nicht nur bei einem Kreditereignis, sondern periodisch, in der Regel quartalsweise, statt. Liegt der festgelegte Marktwert unter dem zuletzt ermittelten Wert, erhält der Risikoverkäufer vom Risikokäufer die Differenz als Ausgleichszahlung. Im gegenteiligen Falle einer Marktwertsteigerung muss der Risikoverkäufer diese jedoch an den Risikokäufer im Sinne einer Ausgleichszahlung abtreten.[51] Sinkt der Wert des Risikoaktivums auf Null, muss der Sicherungsgeber seinem Kontrahenten den Kreditverlust kompensieren und der TRS wird beendet.[52]

Total Return Swaps basieren in der Regel auf gehandelten Anleihen, so dass Kursveränderungen exakt festgestellt werden können. Werden demgegenüber ausnahmsweise illiquide Kredite eingesetzt, müssen alternative Preisermittlungsverfahren, beispielsweise eine Händlerumfrage, durchgeführt werden.[53]

Wesentlich bei einem Total Return Produkt ist die Frage, ob diesem ein fest- oder variabel verzinsliches Reference Asset zugrunde liegt. Während bei einem fest verzinslichen Refe-

---

49  Vgl. Schierenbeck, H. (2001), S. 328.
50  Vgl. Bundesanstalt für Finanzdienstleistungsaufsicht (Hrsg.) (16. Juni 1999), S. 4.
51  Vgl. Schierenbeck, H. (2001), S. 328.
52  Vgl. Bowler, T./Folkerts-Landau, D./Knott, D./Moulton, P./Tierney, J. F. (26. Juli 1999), S. 19-20.
53  Vgl. Bowler, T./Folkerts-Landau, D./Knott, D./Moulton, P./Tierney, J. F. (26. Juli 1999), S. 19-20.

renzaktivum bonitäts- sowie zinsinduzierte Marktwertrisiken transferiert werden, ist das Zinsänderungsrisiko bei einem variabel verzinslichen Referenzaktivum bereits aufgrund der variablen Verzinsung weitgehend ausgeschlossen. Es bleibt hauptsächlich das Bonitätsänderungsrisiko bestehen. Damit entspricht ein Total Return Produkt mit variabel verzinslichen Reference Asset einem Credit Spread Produkt.[54]

### 3.3.2.4  Credit Linked Notes

Wenden wir uns nun der letzten Grundform zu, der Credit Linked Note (CLN). Dabei handelt es sich um Kombinationen einer Anleihe mit einem Kreditderivat. Je nach Ausgestaltung werden diese dann als Credit Default Linked Note, Credit Spread Linked Note oder Total Return Linked Note bezeichnet. Da in der Praxis unter Credit Linked Notes oftmals nur die Credit Default Linked Note verstanden wird, beschränken sich die nachfolgenden Ausführungen ausschließlich auf deren Darstellung.[55]

Bei einer Credit Default Linked Note erwirbt der Risikokäufer die vom Risikoverkäufer emittierte Anleihe zum Nominalbetrag beziehungsweise Ausgabepreis und erhält dafür eine Verzinsung. Als Emittent tritt häufig eine von Banken genutzte Zweckgesellschaft

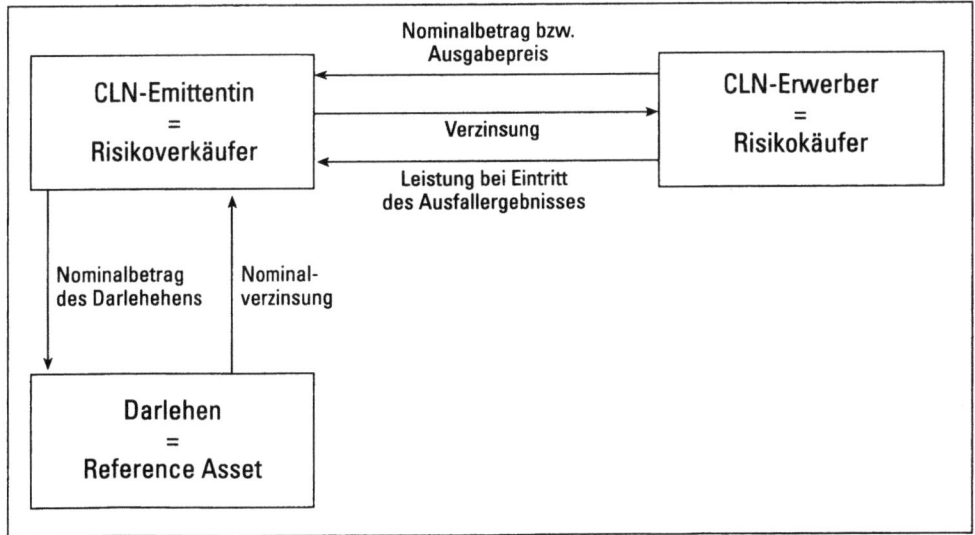

*Abbildung 5: Zerlegung der Zahlungsströme zwischen CLN-Emittentin und CLN-Erwerber während der Laufzeit der CLN*
Quelle: Eigene Darstellung in Anlehnung an Becker, H. P./Peppmeier, A. (2002), S. 373.

---

54  Vgl. Schierenbeck, H. (2001), S. 328.
55  Vgl. Schierenbeck, H. (2001), S. 329.

(Special Purpose Vehicle, SPV) auf, die aufgrund ihrer Gestaltung und Ausstattung die Sicherheit und Attraktivität eines CLN-Geschäftes erhöht.

Die Höhe der Rückzahlung ist an den Eintritt eines Kreditereignisses im Reference Asset gebunden. Tritt ein solches ein, wird die CLN zum Nennwert unter Abzug eines Ausgleichsbetrages zurückgezahlt. Bei Nichteintritt erfolgt die Tilgung regulär, das heißt zum Nominalbetrag.[56]

Im Gegensatz zu den bisher beschriebenen Produkten existiert bei einer CLN für den Risikoverkäufer kein Kontrahentenrisiko, da im Falle eines Credit Events aufgrund der Bereitstellung bei Kauf das benötigte Kapital bereits vorhanden ist.[57] Allerdings trägt der Investor einer CLN die Ausfallrisiken von zwei Adressen, und zwar die des Referenzaktivums sowie die des Emittenten. Dieses doppelte Risiko spiegelt sich in der Regel in einer höheren Verzinsung als bei einer traditionellen Schuldverschreibung mit sonst identischer Ausstattung wider.[58]

Ein weiterer Unterschied ist die volle Bilanzwirksamkeit dieses Kreditderivats wegen der Ähnlichkeit mit einer Anleihe.[59] Dies macht die CLN besonders für solche Investoren interessant, die nicht berechtigt sind, außerbilanzielle Instrumente zu nutzen. Mit diesem Finanzkontrakt erhalten sie einen Zugang zu dem Kreditderivatemarkt.[60]

### 3.3.3    Preisermittlung von Kreditderivaten

Die Preisermittlung von Kreditderivaten kann sowohl über theoretische Modelle der Finanz- und Kapitalmarkttheorie als auch über marktorientierte Verfahren erfolgen.[61] Gemeinsam haben die Methoden zur Preisfindung, dass sich das Pricing nach der Maßgabe des abzusichernden Risikos richtet und dass zur Beurteilung des Kreditrisikos der Credit Spread herangezogen wird. Allerdings haben sich im Markt bisher noch keine standardisierten Bewertungsmodelle analog zum Black & Scholes-Ansatz beim Marktpreisrisiko durchsetzen können.[62]

Ein Großteil der theoretischen Modelle ist auf die Contigent Claims Analysis von Robert C. Merton, Nobelpreisträger und einer der Begründer der Optionspreistheorie, aus dem Jahr 1974 zurückzuführen.[63] Diese betrachtet das Underlying selbst als ein Derivat auf das Firmenvermögen (Realoption).[64] Die theoretischen Modelle umfassen sowohl die klassischen

---

56  Vgl. Neske, C. (2000), S. 57-58.
57  Vgl. Heidorn, T. (1999), S. 9.
58  Vgl. Becker, H. P./Peppmeier, A. (2002), S. 373-374.
59  Vgl. Schierenbeck, H. (2001), S. 329.
60  Vgl. Bowler, T./Folkerts-Landau, D./Knott, D./Moulton, P./Tierney, J. F. (26. Juli 1999), S. 16-17.
61  Vgl. Hüttemann, P. (1999), S. 69.
62  Vgl. Merz, A. (22. Juni 2001), S. 18.
63  Vgl. Pechtl, A. (1999), S. 181.
64  Vgl. Jost, M./Siwik, T. (2000), S. 868.

Optionspreismodelle wie das Capital Asset Pricing Model (CAPM) oder die Arbitrage Pricing Theory als auch neuere Ansätze wie das Ratingmodell oder das Asset Class Model.[65]

Im Rahmen dieses Buches wird allerdings zur beispielhaften Darstellung einer Preisermittlung von Kreditderivaten lediglich auf den anwendungsbezogenen marktorientierten Hedgekosten-Ansatz eingegangen, da dieser schon zu Beginn der Entstehung des Marktes der Kreditderivate für die Preisermittlung von den Marktteilnehmern verwendet wurde und auch derzeit noch überwiegt. Dies liegt einerseits an seiner im Vergleich zu den theoretischen Modellen einfachen Handhabung, da unter anderem Daten über historische Ausfallwahrscheinlichkeiten unberücksichtigt bleiben. Andererseits berücksichtigt diese Methode die verschiedenen Präferenzen der Marktteilnehmer, beispielsweise hinsichtlich der Korrelationen von Kreditrisiken.[66]

Beim Hedgekosten-Ansatz orientieren sich die Marktteilnehmer an Preisen, die am Kapitalmarkt für Transaktionen mit vergleichbarem Risiko gelten. Der Grund dafür liegt in der Annahme, dass zwei Geschäfte mit prinzipiell dem gleichen Risiko in einem arbitragefreien Markt den gleichen Preis haben müssen.[67]

Beispielhaft lässt sich die marktorientierte Preisfindung an einem Credit Default Swap mit einer Laufzeit von drei Jahren darstellen, den die Bank B mit dem Kontrahenten K abschließt. B überträgt somit das Kreditrisiko aus dem Underlying, etwa einer liquiden festverzinslichen Schuldverschreibung mit einer Restlaufzeit von drei Jahren, deren Emitten-

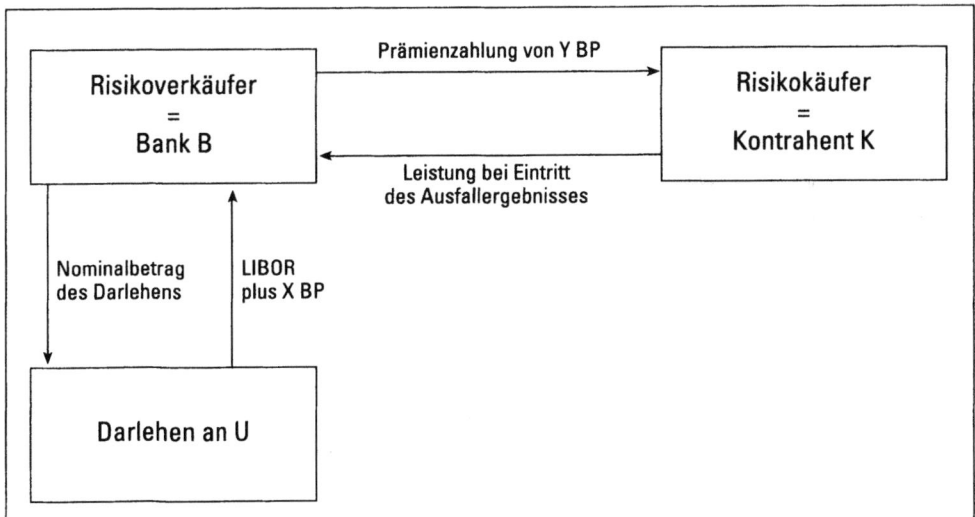

*Abbildung 6: Herleitung der Preisobergrenze des Credit Default Swaps*
Quelle: Eigene Darstellung in Anlehnung an Hüttemann, P. (1999), S. 117.

---

65  Vgl. Hüttemann, P. (1999), S. 70-71.
66  Vgl. Hüttemann, P. (1999), S. 116-119.
67  Vgl. Becker, H. P./Peppmeier, A. (2002), S. 378.

tin das Unternehmen U ist, gegen Zahlung einer noch zu bestimmenden Prämie (Y) auf K. Ferner hält der Marktteilnehmer B einen zinsvariablen Kredit mit einer Laufzeit von drei Jahren an U in seinem Kreditportfolio. Die Bank erzielt aus diesem Kredit einen jährlichen Zahlungsstrom in Höhe von 6-Monats-LIBOR plus einer Marge X in Basispunkten.[68]

Für diesen Credit Default Swap können nun Preisober- und untergrenze der Prämie Y bestimmt werden. Die Preisobergrenze wird zunächst durch die Höhe der Prämie X bestimmt, welche das Kreditinstitut aus dem Kreditgeschäft mit seinem Kunden erwirtschaftet. Ist die Absicherung des Kreditrisikos für die Bank jedoch besonders wichtig und sind andere Absicherungsmöglichkeiten nicht oder nur zu Prämien möglich, die X BP übersteigen, kann auch eine darüber hinausgehende Prämie gezahlt werden.[69]

Die Preisuntergrenze für die Prämie Y ist durch den Asset Swap Spread gegeben, den der Risikokäufer beim Kauf eines mit dem gleichen Underlying konstruierten Asset Swaps am Markt erzielen kann. In diesem Zusammenhang spielen die Refinanzierungskosten des Marktteilnehmers K eine besondere Rolle. Liegen sie unterhalb des 6-Monats-LIBOR-Satzes, so wirkt dies erhöhend auf die Untergrenze der Prämie. Im umgekehrten Fall vermindert sich die Untergrenze für Y, da K nur den Gesamtertrag aus dem Asset Swap, also den Asset Swap Spread zusammen mit dem Refinanzierungsnachteil/-vorteil mit der Höhe der erzielbaren Prämie Y vergleicht. Der Gesamtertrag aus dem Asset Swap-Geschäft stellt somit den Ertrag dar, den der Sicherungsgeber bei einem Kreditderivat mindestens erzielen oder besser übertreffen muss, um eine solches Geschäft abzuschließen.[70]

Die nun ermittelten Ober- und Untergrenze legen eine Spanne für die Höhe der Prämie Y fest, innerhalb derer der genaue Preis zwischen der Bank und ihrem Kontrahenten ausgehandelt werden kann. Dabei können sich aber auch Liquiditätsüberlegungen und die portfoliospezifischen Konzentrationen von Risiken preisbeeinflussend auswirken.

Zusammenfassend kann gesagt werden: Bei dem marktorientierten Hedgekosten-Ansatz handelt es sich um eine relativ pragmatische und einfache Vorgehensweise, die eine erste gute Approximation für einen Preis zulässt. Dies gilt aber nur, sofern eine ausreichende Liquidität im Finanztitel desselben Emittenten vorhanden ist.[71]

---

68  Vgl. Hüttemann, P. (1999), S. 116-117.
69  Vgl. Becker, H. P./Peppmeier, A. (2002), S. 379.
70  Vgl. Becker, H. P./Peppmeier, A. (2002), S. 379.
71  Vgl. Hüttemann, P. (1999), S. 119-120.

# 4. Anwendungsmöglichkeiten von Kreditderivaten

Kreditderivate gewinnen aufgrund ihrer vielfältigen Anwendungsmöglichkeiten eine immer größere Bedeutung im Risikomanagement von Kreditinstituten. Dabei lassen sich drei Einsatzgebiete unterscheiden: Aktivmanagement, Passivmanagement und Eigenhandel.[1]

## 4.1 Aktivmanagement

Ziel des Aktivmanagements ist es, die gewünschte Struktur des Bonitätsrisikos der Aktivseite, im Folgenden des Kreditportfolios, herbeizuführen. Dies kann aus den unterschiedlichsten Motiven heraus geschehen.[2]

### 4.1.1 Absicherung von Krediten

Durch die Möglichkeit, Kreditrisiken zu verkaufen, sind Kreditderivate geeignete Instrumente, um bestehende Bonitätsrisiken des Kreditportfolios zu neutralisieren beziehungsweise bei Absicherung (Hedging) von Neugeschäften gar nicht erst entstehen zu lassen.[3] Dies geschieht ohne Wissen und Zustimmung des Kreditkunden, wodurch die Kundenbeziehung nicht beeinflusst wird.[4]

Diese Anwendung kommt sowohl zum Tragen, wenn eine Bank Teile eines Portfolios,[5] als auch wenn sie das Risiko des gesamten Kreditportfolios absichern möchte. Der Verkauf und der damit verbundene Abbau von Kreditrisiken ermöglicht auch den notwendigen Freiraum, um neue, weitere Geschäfte tätigen zu können.[6]

Die Absicherung einer einzelnen Position wird als Micro Hedge bezeichnet. Mit einem Macro Hedge können mehrere Kreditrisiken (die idealerweise stark miteinander korrelieren) gleichzeitig abgesichert werden. Dies ist vor allem für Institute wie Sparkassen oder Genossenschaftsbanken von besonderem Interesse, da deren Kreditportfolio aufgrund des

---

1  Vgl. Becker, H. P./Peppmeier, A. (2002), S. 376.
2  Vgl. Becker, H. P./Peppmeier, A. (2002), S. 376.
3  Vgl. Müller, F. (2000), S. 45.
4  Vgl. Hohl, S./Liebig, T. (1999), S. 516.
5  Vgl. Müller, F. (2000), S. 45.
6  Vgl. Becker, H. P./Peppmeier, A. (2002), S. 376-377.

Regionalprinzips oftmals hohe Klumpenrisiken durch die Konzentration auf bestimmte Branchen oder Regionen wie zum Beispiel Schuhindustrie in Pirmasens oder Fischereiindustrie an der Nordseeküste aufweisen.[7]

Mit der Herausnahme von Kreditrisiken lässt sich darüber hinaus Kreditlinienmanagement, die Optimierung der Rendite einer Kreditlinie, betreiben. Beispielhaft sei hier eine Bank genannt, die weitere Kredite an einen bestimmten Kreditnehmer vergeben will, dies zunächst aber nicht möglich ist, da die Kreditlinien bezüglich eines Kunden, einer Branche oder eines Staates ausgeschöpft sind und eine weitere Risikoerhöhung nicht erwünscht oder durch gesetzliche Vorschriften nicht erlaubt ist.[8]

Um durch die Ablehnung des Kredites die Kundenbeziehung nicht zu gefährden beziehungsweise durch den neuen Kredit einen attraktiven Ertrag zu erzielen, kann das zusätzliche Risiko des Neugeschäftes mit einem Kreditderivat veräußert werden. Durch die Abgabe weniger erfolgreicher Engagements ohne direkte Veräußerung und anschließende Nutzung der Kreditlinien für lukrativere Geschäfte lässt sich ebenfalls eine Optimierung der Rendite erreichen.[9]

## 4.1.2. Übernahme von Kreditrisiken

Die Übernahme von Kreditrisiken kann sowohl zur Verringerung von Klumpenrisiken als auch zur Erschließung neuer Märkte genutzt werden, da sich durch Kreditderivate synthetische Engagements auf Länder, Branchen oder Kreditnehmer, zu denen bisher kein Zugang bestand, aufbauen lassen.[10]

Ein wichtiges Motiv für diese Anwendungsmöglichkeit ist der Wunsch einer Diversifikation, ohne dass dabei eine nennenswerte Kapitalbindung erforderlich ist.[11]

## 4.1.3 Optimierung des Kreditrisikoportfolios

Durch die Möglichkeit der gezielten Heraus- und Hereinnahme von Kreditrisiken stellen Kreditderivate ein flexibles Instrumentarium zur Optimierung der Rendite-Risiko-Struktur, zur Gestaltung des Kreditrisikoportfolios und schließlich zur Erweiterung der Wertschöpfungskette „Kredit" dar. Dies kann in letzter Konsequenz dazu führen, dass eine Bank zum „Lagerhaus für Kredite mit häufigem Lagerumschlag" wird.[12]

---

7  Vgl. Hüttemann, P. (1999), S. 47-49.
8  Vgl. Hohl, S./Liebig, T. (1999), S. 519.
9  Vgl. Hohl, S./Liebig, T. (1999), S. 519.
10  Vgl. Landry, S./Radeke, O. (1999), S. 542-543.
11  Vgl. Becker, H. P./Peppmeier, A. (2002), S. 377.
12  Vgl. Remaklus, H. (2002), S. 944.

Auf die Diversifizierung eines Kreditportfolios finden grundsätzlich die gleichen Zusammenhänge und Konsequenzen Anwendung wie für die im Rahmen der 1952 von Harry M. Markowitz begründeten Portfoliotheorie (Portfolio Selection Theory) untersuchte Diversifizierung von Wertpapierportfolios.[13] Diese zeigt, dass die Gesamtrendite eines Portfolios durch die Beimischung eines weiteren rendite- und risikostärkeren Investitionsobjekts erhöht wird, während gleichzeitig das Risiko sinkt. Der Effekt der Risikominderung ist dabei umso größer, je stärker die Korrelationen der Werte der Objekte kleiner als +1 (bis max. -1 im Falle einer vollständig negativen Korrelation) sind. Dieser Effekt wird auch als Diversifizierungseffekt bezeichnet.[14]

Dies bedeutet, dass ein rational handelnder Manager eines Kreditportfolios ein im Sinne von Markowitz effizientes Kreditportfolio anstreben wird. Das Eingehen des unternehmensspezifischen Risikos ist in Anlehnung an das CAPM nicht sinnvoll, da es nicht entgeltet wird. Es ist vielmehr sinnvoll, dieses durch Diversifizierung aus dem Portfolio zu eliminieren.[15]

Anschließend ist das Konzentrationsrisiko (Klumpenrisiko), also der Anteil einzelner Kreditpositionen am Gesamtportfolio, zu verringern, denn je niedriger der Anteil einer Risikoposition am Gesamtportfolio ist, desto geringer ist der dafür zu erzielende risikoadäquate Spread.[16] So kann es gelingen, den portfoliospezifischen risikoadäquaten Credit Spread wenigstens dem vom Kreditmarkt gewährten Credit Spread zu nähern oder ihn sogar darunter zu positionieren.[17]

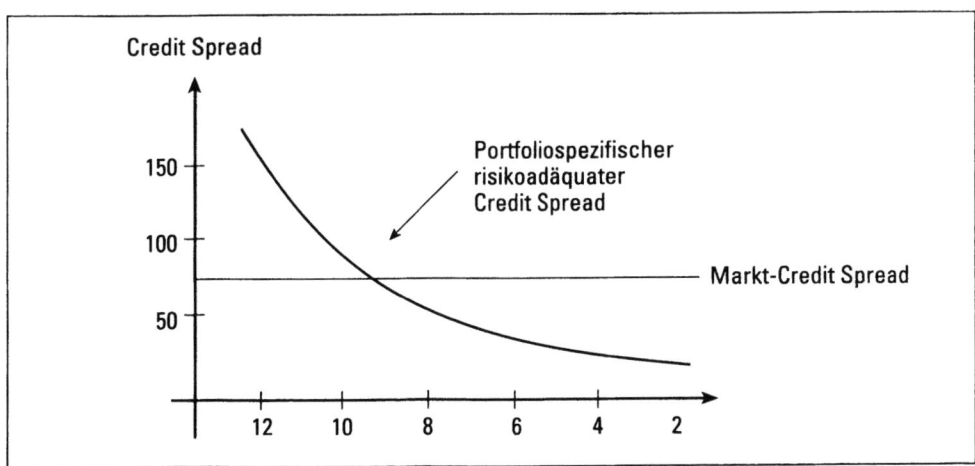

*Abbildung 7: Anteil des Bonitätsrisikos einer Adresse am Gesamtbonitätsrisiko in Prozent des Kreditportfolios*

Quelle: Becker, H. P./Peppmeier, A. ( 2002), S. 377

13  Vgl. Becker, H. P./Peppmeier, A. (2002), S. 377.
14  Vgl. Kern, M./Kroschel, I./Peppmeier, A. (Juni 2002), S. 43.
15  Vgl. Becker, H. P./Peppmeier, A. (2002), S. 377.
16  Vgl. Müller, F. (2000), S. 47.
17  Vgl. Becker, H. P./Peppmeier, A. (2002), S. 377.

Aufgrund der Tatsache, dass Banken durch die Optimierung des Kreditrisikoportfolios sowohl der Bankenaufsicht, die sich um Konzentrationsrisiken sorgt, als auch der eigenen Ertragslage (höherer Ertrag bei gleichzeitiger Verringerung des Risikos) gerecht werden, kann von pareto-optimalen Möglichkeiten gesprochen werden.[18]

## 4.2 Passivmanagement

Im Passivmanagement, also im Bereich der Refinanzierung, sind Kreditderivate mit dem Ziel anwendbar, die Refinanzierungskosten eines Unternehmens so gering wie möglich zu halten. Diese sind sowohl von der allgemeinen Marktlage als auch von der unternehmensspezifischen Situation abhängig.[19]

Befürchtet ein Unternehmen eine Verschlechterung der Einschätzung der eigenen Bonität am Kapitalmarkt und somit eine Ausweitung des eigenen Credit Spreads, kann es sich mit dem entsprechenden Kauf einer Credit Spread Put Option den heute noch niedrigeren Credit Spread sichern. Entspricht das gewählte Nominalvolumen des Basisinstruments der Credit Spread Put Option dem Volumen einer geplanten, zukünftigen Kreditaufnahme, wird zum Zeitpunkt der Kreditaufnahme die durch die Verschlechterung der Bonität hervorgerufene Ausgleichszahlung des Kreditderivats die gestiegenen Refinanzierungskosten aufgrund des erhöhten Credit Spreads kompensieren. Bleibt hingegen eine Spreadausweitung aus oder verengt sich der Spread sogar, so schmälert die Optionsprämie den Ertrag aus der günstigeren Refinanzierung.[20]

Daneben beeinflusst auch die allgemeine Marktlage, ausgedrückt durch das Land oder die Branche, in der das Unternehmen tätig ist, den Credit Spread. Ein Total Return Swap mit einem Basket als Reference Asset, der aus Anleihen oder Krediten von Unternehmen der gleichen Branche und des gleichen Landes besteht, kann hier zur Absicherung einer Spreadausweitung herangezogen werden. Bei diesem Kreditderivat hat der Kontrahent für Marktwertverluste des Reference Assets einzustehen, wodurch gestiegene Refinanzierungskosten ausgeglichen und somit abgesichert werden.[21] Verbessert sich allerdings die Bonität des eigenen Unternehmens, profitiert es nicht von den günstigeren Refinanzierungskosten, da Marktwerterhöhungen des Reference Assets an den Kontrahenten abzuführen sind.[22]

---

18  Vgl. Fischer, L. H. (1999), S. 179.
19  Vgl. Becker, H. P./Peppmeier, A. (2002), S. 377.
20  Vgl. Becker, H. P./Peppmeier, A. (2002), S. 377-378.
21  Vgl. Hüttemann, P. (1999), S. 54.
22  Vgl. Müller, F. (2000), S. 51.

## 4.3 Eigenhandel

Neben den vorgenannten Einsatzmöglichkeiten können Kreditderivate auch im Eigenhandel eingesetzt werden, um an Bonitätsveränderungen durch Aufbau offener Positionen zu partizipieren (Spekulation) oder insbesondere um Preis- beziehungsweise Bewertungsunterschiede zwischen Märkten in einem Zeitpunkt durch zwei Geschäfte auszunutzen (Arbitrage).[23]

Letztgenannte Anwendung, die Erzielung von Arbitragegewinnen, gründet auf der Unvollkommenheit des Marktes der Kreditderivate und der damit verbundenen unterschiedlichen Beurteilung des Kreditrisikos eines Kreditnehmers. Diese kann von einzelnen Marktteilnehmern durch einen Informationsvorsprung aufgrund der besonderen Beziehung zum Kreditnehmer, besserer technischer Infrastruktur beziehungsweise größerer Erfahrung zu gewinnbringender Arbitrage genutzt werden.[24] Dies geschieht zum Beispiel durch die Kombination zweier identischer Credit Default Swaps, deren Risikopositionen aber entgegengesetzt sind. Dabei tritt der Investor in dem Markt, der den Titel als weniger riskant einschätzt und damit das Kreditderivat billiger handelt, als Käufer und in einem anderen Markt mit schlechterer Bewertung als Verkäufer von Sicherheit auf. Das Kreditrisiko wird von ihm also lediglich durchgereicht.[25]

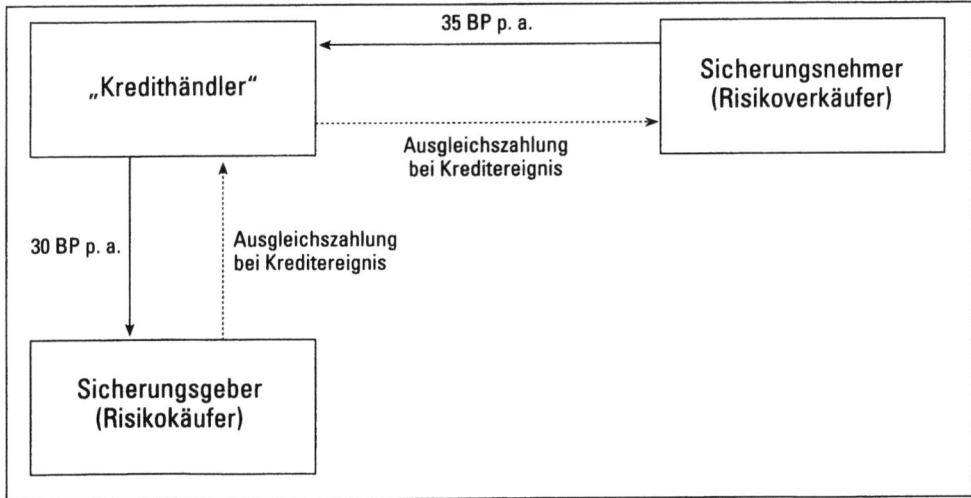

*Abbildung 8: Arbitrage mit Credit Default Swaps*
Quelle: Müller, F. (2000), S. 53.

---

23  Vgl. Becker, H. P./Peppmeier, A. (2002), S. 377-378.
24  Vgl. Savelberg, A. H. (2002), S. 332.
25  Vgl. Hüttemann, P. (1999), S. 56-57.

# 5. Der Markt der Kreditderivate

Dieses Kapitel widmet sich der bisherigen Entwicklung, analysiert die aktuelle Struktur des Marktes der Kreditderivate und zeigt die potenzielle Entwicklung auf.

## 5.1 Historie und Entstehungsfaktoren

Während teilweise auch die Jahre 1991 und 1992 genannt werden, erfolgte spätestens 1993 der erste vom Grundprodukt isolierte Handel von Kreditrisiken in Japan durch Bankers Trust und Credit Suisse Financial Products.[1] Im Laufe der letzten rund zehn Jahre setzte zuerst in den USA, später auch in Europa und Asien eine rasante Entwicklung des Kreditderivatemarktes hinsichtlich Marktvolumen, Anzahl der Marktteilnehmer und Reduktion der Spreads ein. Insbesondere der deutsche Kreditderivatemarkt gewann dabei im internationalen Vergleich erst sehr spät an Dynamik.[2]

Grundsätzlich ist zu beobachten, dass die Banken zunächst im Handelsbereich Erfahrungen mit Kreditderivaten sammeln und diese erst im nächsten Schritt auch auf das eigene Kreditportfolio anwenden und selbst Kreditrisiken auf den Markt bringen.[3]

Bei der Entstehung des Marktes der Kreditderivate spielten mehrere Faktoren eine Rolle. An erster Stelle ist hierbei der Wunsch der Banken nach einem einfachen und effektiven Instrument zu nennen, um das Kreditrisiko vom zugrunde liegenden Geschäft zu separieren und anschließend zu transferieren. Der Risikotransfer soll dabei möglichst ohne Information des Kreditnehmers erfolgen. Ein solches Instrument wurde schließlich mit den Kreditderivaten gefunden.[4]

Ein weiterer Entstehungsfaktor ist der zunehmende Druck auf Banken durch den intensiven Wettbewerb in der sich konsolidierenden Bankenbranche und die Forderung der Eigenkapitalgeber nach einer angemessenen Eigenkapitalrendite, bei gleichzeitig sinkenden Margen im originären Kreditgeschäft.[5]

All dies stellt völlig neue Anforderungen an das Risiko- und Kreditportfoliomanagement und zwingt die Banken letztlich dazu, ihr Kreditportfolio unter Beachtung der individuellen Risikotragfähigkeit zu optimieren, um eine bessere finanzielle Performance im Kreditgeschäft zu erwirtschaften und somit die Zielvorgaben für den Return on Equity zu erfül-

---

1   Vgl. Parsley, M. (1996), S. 28.
2   Vgl. Burghof, H.-P./Henke, S. (2000), S. 30.
3   Vgl. Burghof, H.-P./Henke, S. (2000), S. 31.
4   Vgl. Dülfer, C. (2000), S. 114.
5   Vgl. Burghof, H.-P./Henke, S. (2000), S. 31.

len. Dieser Wunsch der Shareholder steht übrigens dem Wunsch der Bankenaufsichtsorgane nach Sicherheit des Bankensystems entgegen und führt somit grundsätzlich zu Interessenskonflikten innerhalb der Banken.[6]

Der Entstehungsprozess wurde darüber hinaus durch weitere Trends beeinflusst. Hier ist die Globalisierung der Märkte zu nennen, die vor allem durch revolutionäre Entwicklungen in der EDV-Technik und dem Electronic Banking befördert wurde. Sie hat dafür gesorgt, dass Marktpartner am Finanzmarkt auf einer globalen und nicht mehr ausschließlich regionalen Basis vorzufinden sind.[7]

Wichtige Entwicklungen und Trends auf den internationalen Finanzmärkten begünstigten als weitere Faktoren ebenfalls die Entstehung von Kreditderivaten. Hierunter fallen insbesondere die Securitisation und das Auftreten von Floating Rate Notes und Asset Swaps, die eine Fokussierung auf die Beurteilung und Bewertung von Kreditrisiken bei Investitionen förderten.[8] So wurde es unter anderem mit der Entwicklung der Securitisation, also der Verbriefung von Forderungen und ihr anschließender Verkauf an Investoren, vor allem größeren Unternehmen möglich, sich direkt über den Kapitalmarkt zu finanzieren, ohne dabei auf die Kreditaufnahme bei ihren Hausbanken angewiesen zu sein. Dieser Trend wird als Disintermediation bezeichnet.[9]

# 5.2 Bisheriger Innovationsprozess

Die bisherige Entwicklung von Kreditderivaten zeigt ein stetiges Wachstum auf und setzt sich dabei analog zur Evolution der marktpreisrisikoabhängigen Derivate sprunghaft fort, von den ersten einfachen Produktstufen bis hin zu komplexeren Strukturen. Ausschlaggebend waren dabei neben den diversen Entstehungsfaktoren noch eine Vielzahl weiterer Aspekte, die vor allem auf die vielfältigen Anwendungsmöglichkeiten gründen.[10]

So stellen Kreditderivate etwa für Banken ein effektives Steuerungsinstrument zur Reduktion von Konzentrations- und Korrelationsrisiken in ihrem Kreditportfolio dar. Sie ermöglichen eine effiziente Steuerung der gesetzlich vorgeschriebenen Eigenkapitalunterlegung, bieten eine Möglichkeit des Leerverkaufs von Kreditrisiken, eröffnen einen Zugang zu bisher schwer zugänglichen Kreditmärkten und offerieren maßgeschneiderte Problemlösungen bezüglich Laufzeit, Rating, Währung und anderen Parametern.[11] Gerade die Finanzkrisen in Asien (1997) und Russland (1998) mit Währungsabwertungen, Unternehmensausfällen und staatlichen Liquiditätsproblemen beschleunigten den Innovationsprozess, da Investoren wieder bewusst wurde, dass es abzusichernde Kreditrisiken gibt.[12]

---

6  Vgl. Fischer, L. H. (1999), S. 178.
7  Vgl. Hüttemann, P. (1999), S. 26.
8  Vgl. Hüttemann, P. (1998), S. 56.
9  Vgl. Hüttemann, P. (1999), S. 27-28.
10 Vgl. Hüttemann, P. (1999), S. 29.
11 Vgl. Harold, P./Prinker, E. (2000), S. 453.
12 Vgl. Bowler, T./Folkerts-Landau, D./Knott, D./Moulton, P./Tierney, J. F. (26. Juli 1999), S. 3-4

Des weiteren ist das Wachstum des Kreditderivatemarktes ebenfalls auf die forcierte Produkt- und Marktsegmententwicklung aufgrund rückläufiger Margen im klassischen Derivategeschäft[13] sowie auf die zunehmende Leistungsfähigkeit und Differenzierung der Kreditrisiko-Bemessungsverfahren zurückzuführen. Dies führte zu einer gesteigerten Transparenz der Darlehensmärkte, was sich in deren erhöhter Liquidität widerspiegelt.[14]

Die Größe des Marktes der Kreditderivate kann aufgrund des außerbörslichen Charakters nicht exakt gemessen werden und beruht daher lediglich auf Schätzungen. So wird das Marktvolumen im Jahr 2001 auf 1.189 Mrd. USD geschätzt, während für das Jahr 2002 bereits mit einem Marktvolumen von 1.952 Mrd. USD gerechnet wird. Gegenüber dem Jahr 1997 mit 180 Mrd. USD entspricht dies somit mehr als einer Verzehnfachung.[15]

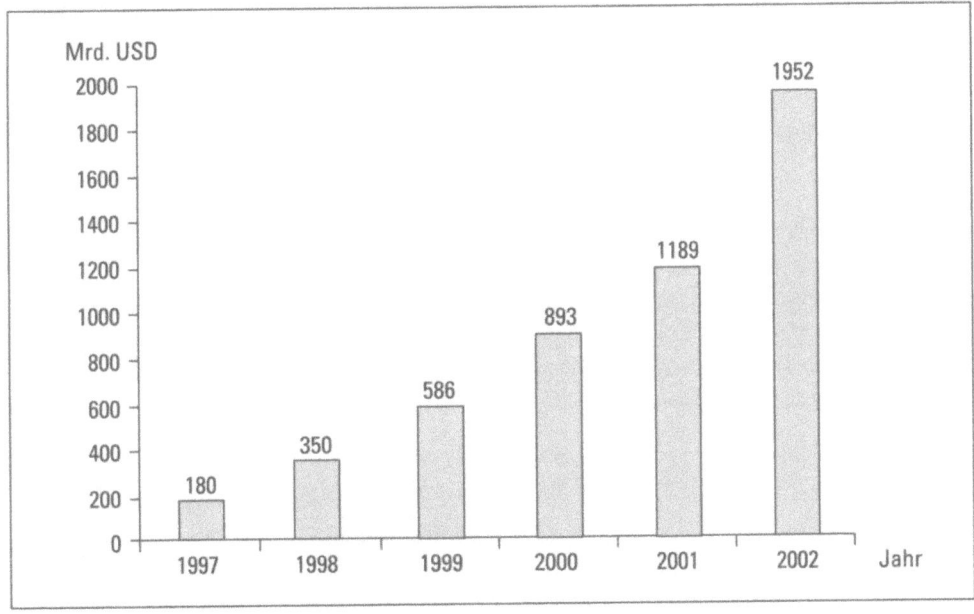

*Abbildung 9: Wachstum des Kreditderivatemarktes*
Quelle: British Bankers' Association (2001/2002), S. 1

Den größten Anteil am globalen Kreditderivatemarkt hat hierbei mittlerweile mit 49 Prozent im Jahr 2001 und geschätzten 53 Prozent im Jahr 2002 der Londoner Markt, deutlich vor New York und Asien.[16] Der deutsche Markt befindet sich dahingegen mit seinen etwa 60 Mrd. Euro in etwas unter 4.000 Kontrakten im Jahr 2000 noch in einem vergleichsweise frühen Entwicklungsstadium.[17] Der Vorsprung des europäischen Marktes gegen-

---

13  Vgl. Auerbach, D./Hashagen, J. (1998), S. 625.
14  Vgl. Drzik, J. P./Kuritzkes, A. (1998), S. 368.
15  Vgl. British Bankers' Association (September 2002), S. 1.
16  Vgl. British Bankers' Association (September 2002), S. 1.
17  Vgl. Burghof, H.-P./Henke, S./Schirm, A. (2000), S. 536.

über dem amerikanischen Markt ist darin begründet, dass sich Investoren in den USA eine größere Auswahl an Konkurrenzprodukten in Form von Firmenbonds – auch im spekulativen High Yield-Bereich – zur Kapitalanlage bieten, weil dort die Finanzmärkte besser ausgebildet sind.[18]

Um deutlich mehr Transparenz bezüglich Struktur und Umfang des Kreditderivatemarktes zu schaffen, prüfen die nationalen Notenbanken, ob sie die Bank für internationalen Zahlungsausgleich (BIZ) im Rahmen der halbjährlichen Übersicht zum außerbörslichen Derivatehandel mit Daten beliefern können.[19]

# 5.3 Struktur des Marktes

Zur Analyse der Marktstruktur der Kreditderivate ist insbesondere eine Unterscheidung in Produkte, Marktteilnehmer und Rating der Underlyings von Interesse.

## 5.3.1 Marktanteile der Kreditderivatetypen

Das derzeit dominante Produkt auf dem globalen ebenso wie auf dem deutschen Markt der Kreditderivate ist der Credit Default Swap mit einem erwarteten Marktanteil im Jahr 2002 von 42 Prozent. Dies ist hauptsächlich auf den einfachen und standardisierten Produktmechanismus zurückzuführen.[20]

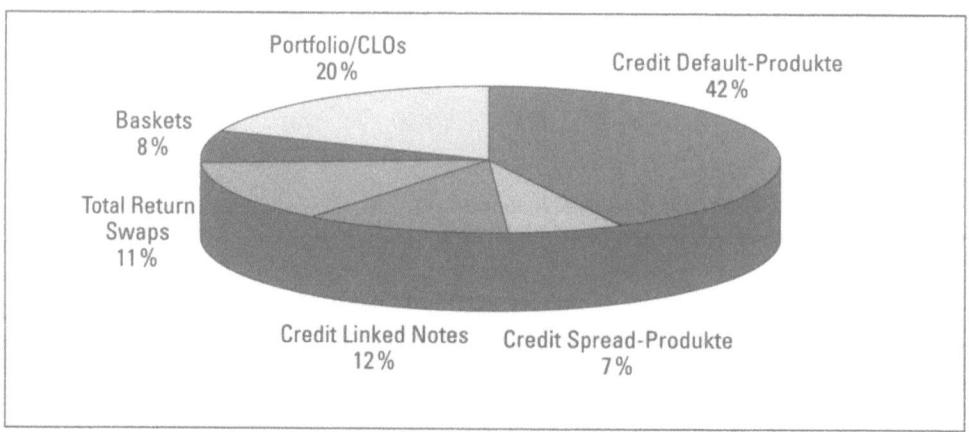

*Abbildung 10: Erwartete Marktanteile der Kreditderivatetypen für das Jahr 2002*
Quelle: International Monetary Fund (März 2002), S. 37.

---

18 Vgl. Rezmer, A. (31. Mai 2001), S. 47.
19 Vgl. Kuster, P. (01. Juni 2002), S. 13.
20 Vgl. Burghof, H.-P./Henke, S./Schirm, A. (2000), S. 537.

Während in Europa Credit Spread Optionen weiter verbreitet sind, findet der Total Return Swap eher in Nordamerika, wo ihn die Investoren als Ersatz für Unternehmensdarlehen nutzen, Anwendung. Der schwierige Zutritt zum asiatischen Anleihemarkt sowie der Wunsch nach Absicherung von asiatischen Krediten durch andere asiatische Kontrahenten ohne Korrelationsrisiko sorgen für die dortige weite Verbreitung der Credit Linked Note.[21]

Es ist festzustellen, dass sich die zu beobachtende Ausdifferenzierung des Marktes durch die Entwicklung „exotischer" Derivate noch nicht in höheren Marktanteilen komplexer Produkte niederschlägt. So dominieren weltweit nach wie vor die Grundformen der Kreditderivate das Marktgeschehen.[22]

## 5.3.2 Analyse der Marktteilnehmer

Der globale Markt der Kreditderivate wird nach wie vor eindeutig von Banken beherrscht. Während das Feld anfangs von den Investmenthäusern beherrscht wurde, traten mehr und mehr die derzeit am Markt am stärksten vertretenen Geschäftsbanken auf.[23] Die Dominanz lässt sich deutlich an den Marktanteilen ablesen, so sind Banken im Jahr 2002 voraussichtlich an 51 Prozent aller bestehenden Absicherungsgeschäfte als Risikoverkäufer und an 38 Prozent als Risikokäufer beteiligt.[24] Dies ist dadurch zu erklären, dass Geschäftsbanken über umfangreiche Kreditportfolios verfügen und wesentlich leichter als Investmenthäuser weitere Kreditrisiken in ihre Kreditportfolios aufnehmen können, da ihnen vergleichsweise mehr Eigenkapital zur Unterlegung von Kreditrisiken zur Verfügung

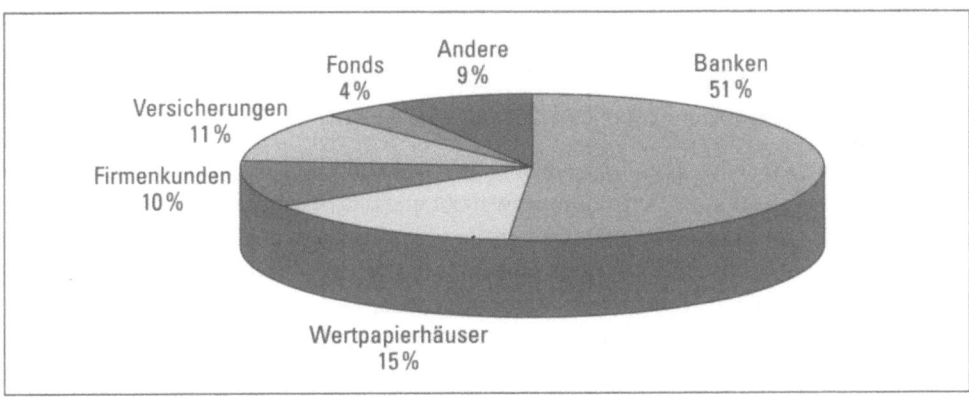

*Abbildung 11: Erwartete Marktanteile bei Risikoverkauf für das Jahr 2002*
Quelle: International Monetary Fund (März 2002), S. 37.

---

21  Vgl. Landry, S./Radeke, O. (1999), S. 532.
22  Vgl. Burghof, H.-P./Henke, S./Schirm, A. (2000), S. 537.
23  Vgl. Hüttemann, P. (1999), S. 45.
24  Vgl. Dülfer, C. (2000), S. 121.

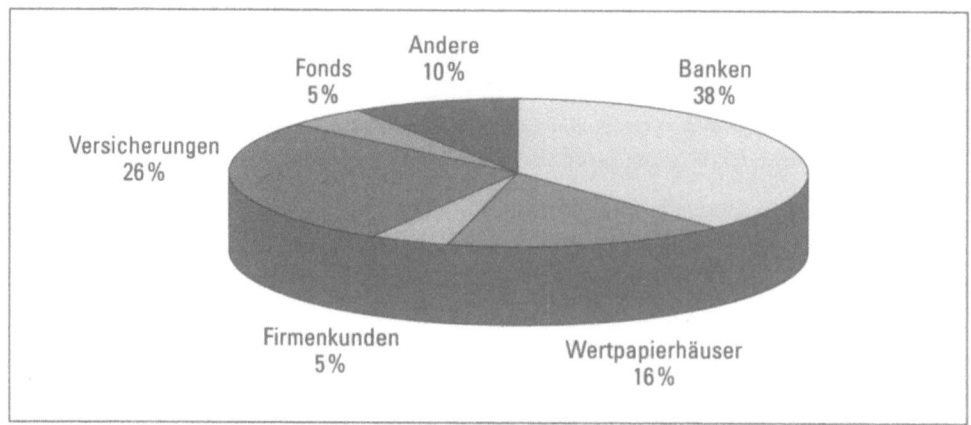

*Abbildung 12: Erwartete Marktanteile bei Risikokauf für das Jahr 2002*
Quelle: International Monetary Fund (März 2002), S. 37.

steht.[25] Dabei ist auch festzustellen, dass Regionalbanken wie die deutschen Landesbanken eher als Käufer auftreten, während große Banken eher als Verkäufer fungieren.[26]

Mit deutlichem Abstand folgen als weitere wichtige Marktteilnehmer die vor allem als Vermittler, Händler und Emittenten strukturierter Konstruktionen auftretenden Wertpapierhäuser[27] mit einem Marktanteil von 15 Prozent als Risikoverkäufer und 16 Prozent als Risikokäufer sowie die Versicherungen mit einem Anteil am Marktgeschehen von elf Prozent als Risikoverkäufer und von 26 Prozent als Risikokäufer. Die Popularität der Versicherer liegt daran, dass diese aufgrund ihrer in der Regel überdurchschnittlichen Bonität begehrte Kontrahenten, naturgemäß mit der Übernahme von Risiken vertraut und somit in der Lage sind, diese Produkte zu bewerten. Aufgrund der hohen Liquidität aus dem Primärgeschäft und den Anforderungen bezüglich der Deckungsstockfähigkeit erfolgt ein großer Teil der Risikokäufe dabei durch Credit Linked Notes.[28]

Nach und nach erkennen auch Unternehmen (Firmenkunden) die Nutzungsmöglichkeiten von Kreditderivaten für ihr Portfoliomanagement und das Erwirtschaften von Zusatzerträgen. Doch sind die noch geringen Marktanteile von zehn Prozent bei den Risikoverkäufen und fünf Prozent bei den Risikokäufen einerseits auf das im Vergleich zu Finanzinstitutionen noch ausbaufähige Risikomanagement und andererseits auf die Tatsache zurückzuführen, dass andere Instrumente wie etwa Asset Backed Securities (ABS), durch Forderungen oder Cashflows generierende Aktiva besicherte Wertpapiere, teilweise besser zur Absicherung geeignet sind.[29] Gerade in der Entstehungsphase des Marktes sorgten Fir-

---

25  Vgl. Hüttemann, P. (1999), S. 45.
26  Vgl. Walter, N. (2003), S. 25.
27  Vgl. Euler, A./Holschuh, K. (Dezember 1999), S. 14.
28  Vgl. Dülfer, C. (2000), S. 122.
29  Vgl. Dülfer, C. (2000), S. 123.

menkunden für eine erhöhte Marktliquidität, da sie bereit waren, die Gegenseite der zu Beginn stark absicherungsorientierten Geschäftsbanken einzunehmen.[30]

Als weitere Marktteilnehmer treten Fonds wie Investmentfonds, Pensionsfonds und Hedgefonds mit einem Marktanteil von vier Prozent als Risikoverkäufer und von fünf Prozent als Risikokäufer auf. Dieser relativ geringe Marktanteil liegt unter anderem daran, dass beispielsweise Publikumsfonds häufig nur sehr begrenzt derivatives Geschäft tätigen dürfen. Kreditderivate sind für in Deutschland zugelassene Investmentfonds erst gar nicht zugelassen.[31]

Für Staatskörperschaften ist eine Teilnahme am Kreditderivatemarkt bisher eher uninteressant, da zum Beispiel ein Kreditausfall aus einer Bürgschaft noch über die allgemeinen Haushalte ausgeglichen wird. Dies schlägt sich auch in den erwarteten Marktanteilen von jeweils lediglich ein Prozent nieder.[32] In Anbetracht der aktuellen finanziellen Situation der Staatskörperschaften stellt sich hier allerdings die Frage, ob diese künftig nicht verstärkt auf Kreditderivate zurückgreifen werden, um ihre jeweiligen Haushalte zu entlasten.

## 5.3.3 Aufteilung nach Rating

Die Kreditderivate mit Kreditnehmern höchster Bonität (AAA und AA) als Referenzschuldner weisen einen aktuellen Marktanteil von 18 Prozent auf, da Investoren oftmals dazu neigen, sehr gute Risiken in die Bücher zu nehmen.[33]

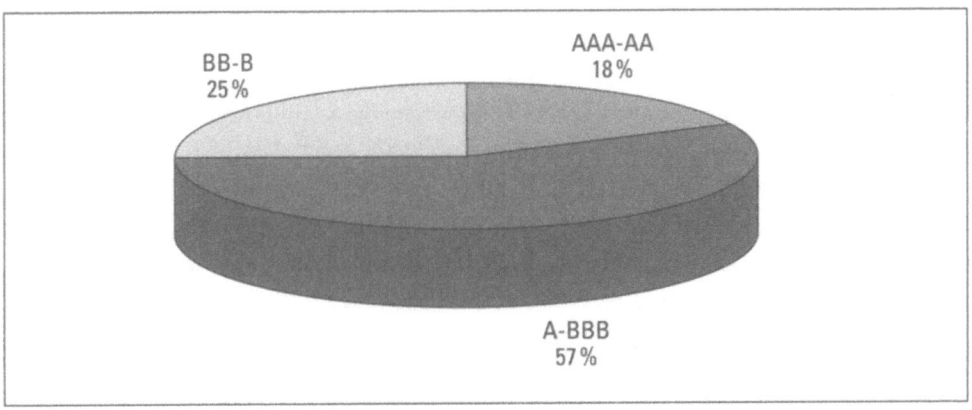

*Abbildung 13: Erwartete Marktanteile nach Rating für das Jahr 2002*
Quelle: International Monetary Fund (März 2002), S. 38.

---

30  Vgl. Hüttemann, P. (1999), S. 45.
31  Vgl. Dülfer, C. (2000), S. 123.
32  Vgl. Dülfer, C. (2000), S. 122.
33  Vgl. Dülfer, C. (2000), S. 126-127.

Die meisten aller gehandelten Kreditderivate mit einem Marktanteil von 57 Prozent werden allerdings mit Kreditnehmern abgeschlossen, die zwischen A und BBB geratet sind. Dies liegt einerseits daran, dass diese Produkte den Investoren attraktive Renditen auf das eingesetzte Kapital bieten, andererseits auch Kreditlinien für diese Schuldner verfügbar sind. Ferner wollen viele Marktteilnehmer auch zuerst Erfahrungen sammeln, ohne dafür gleich Risiken zu übernehmen, die kein Investment Grade aufweisen. Investment Grade bezeichnet ein Rating von BBB- beziehungsweise Baa3 oder besser.[34]

Von besonderem Interesse ist der Bereich von BB bis B, also der Non Investment Grade- oder High Yield-Bereich, da hier der größte Absicherungsbedarf besteht. Nicht nur vor dem Hintergrund der aktuellen weltwirtschaftlichen Lage ist in diesem Bereich mit einer Ausweitung des Marktanteils von aktuell 25 Prozent zu rechnen.[35] Triebfeder der steigenden Nachfrage ist dabei auch der im Rahmen der Portfoliotheorie von Markowitz nachgewiesene Effekt, dass bei vermindertem Risiko die Rendite eines mit High Yield-Bonds gespickten Portfolios höher ist, als die eines ausschließlich Investment Grade-orientierten Portfolios.[36]

# 5.4   Zukünftige Entwicklung

Es spricht vieles dafür, dass sich das bisherige rasante Wachstum des Marktes der Kreditderivate in den letzten Jahren auch künftig noch weiter beschleunigen wird. So erkennen immer mehr große internationale Konzerne die Flexibilität und Effizienz von Kreditderivaten und deren Bedeutung für Risikoabsicherung sowie Ertragsmehrung beziehungsweise -verstetigung.[37] Beispielsweise will die Deutsche Bank künftig mittels Kreditderivate alle neuen Kredite an internationale und deutsche Konzerne mit einer Laufzeit von über 180 Tagen absichern.[38] Darüber hinaus fragen auch kleinere Finanzinstitute wie Sparkassen beziehungsweise Volks- und Raiffeisenbanken, mittelständische Firmen und institutionelle Investoren wie Versicherungen und Fonds zunehmend Kreditrisiken nach.[39] Die derzeitige Konjunkturflaute dürfte dabei für zusätzliche Dynamik sorgen.

Marktteilnehmer erwarten, dass die aktuellen Wachstumsraten auch mittelfristig auf hohem Niveau bleiben und sich erst dann auf ein „normales" Niveau reduzieren werden. Dem Kreditderivatemarkt wird dabei zugetraut, dass er sich bezüglich des Volumens dem Bondmarkt stark annähern kann.[40]

---

34  Vgl. Dülfer, C. (2000), S. 127.
35  Vgl. Euler, A./Holschuh, K. (Dezember 1999), S. 5.
36  Vgl. Dülfer, C. (2000), S. 127.
37  Vgl. Dülfer, C. (2000), S. 123.
38  Vgl. o. V. (25. Februar 2003), S. 22.
39  Vgl. Rezmer, A. (31. Mai 2001), S. 47.
40  Persönliche Information durch Wilhelm, H. (13. November 2002).

Dies führt zu einem geschätzten globalen Marktvolumen für das Jahr 2004 von etwa 4.800 Mrd. USD.[41] Auf der Produktebene werden dabei vor allem Credit Default Swaps und Credit Linked Notes die besten Entwicklungschancen zugesprochen.[42]

Für die positiven Zukunftsaussichten sprechen auch weitere Indizien. So impliziert der wachsende Einsatz von Zins- und Währungsderivaten zunehmend Kontrahentenrisiken, die wiederum eine Verbreitung von Kreditderivaten fördern. Auch steigende externe Anforderungen an die Risikoüberwachungssysteme von Unternehmen, wie sie für Aktiengesellschaften bereits in Kraft getreten sind und sich in Zukunft vermutlich in allgemeinverbindlichen „Grundsätzen ordnungsmäßigen Risikomanagements" niederschlagen werden, unterstützen diesen Trend.[43] Schließlich fördern auch portfolioorientierte Ansätze zur Adressenausfallrisikosteuerung wie RAROC (Risk Adjusted Return On Capital) künftig einen verstärkten Einsatz von Kreditderivaten zur Portfoliooptimierung.[44]

Nach der Einführung des Euros als einheitliche europäische Währung, stellt Europa nach den Vereinigten Staaten den zweitgrößten Geld- und Kapitalmarkt der Welt dar. Der damit verbundene Wegfall von Währungsdifferenzen führt zu einer gesteigerten Wettbewerbsintensität, Kredite in verschiedenen Teilnehmerländern werden vergleichbarer und bisher unterschiedliche Zinsmargen für gleiche Bonität werden sich nivellieren. Für den Markt der Kreditderivate bedeutet dies erhöhte Liquidität, höhere Volumina sowie eine größere Dynamik. Insofern dürften die Kreditmärkte die gleichen Entwicklungen durchlaufen wie die Märkte für Unternehmensanleihen.[45]

Auch in Deutschland stehen Kreditderivate vor einer erfolgreichen Zukunft. So erkennt mittlerweile auch die deutsche Bankenaufsicht die risikoreduzierende Wirkung von Kreditderivaten an und fördert damit den Einsatz dieser Instrumente, wenngleich der Einfluss der zu erwartenden internationalen Regelungen auf die nationalen Vorschriften abgewartet werden muss.[46]

Des weiteren zeigt sich das große Marktpotenzial Deutschlands besonders in den historisch gewachsenen Finanzierungsstrukturen, in der sich die stark ausgeprägte mittelständische Struktur der deutschen Wirtschaft überwiegend mit externem Fremdkapital finanziert. Dies geschieht deswegen, da trotz der mittlerweile ausgeräumten Diskriminierung der Industrieanleihen durch staatliche Vorgaben für viele kleine und mittlere Unternehmen (KMU) auch weiterhin ein Kapitalmarktzugang schon alleine aus Transaktionskostengründen nicht möglich ist.[47]

---

41 Vgl. British Bankers' Association (September 2002), S. 1.
42 Vgl. Burghof, H.-P./Henke, S./Schirm, A. (2000), S. 538-539.
43 Vgl. Zmarsly, S. (2001), S. 145.
44 Vgl. Auerbach, D./Hashagen, J. (1998), S. 629.
45 Vgl. Krumnow, J. (1999), S. 120.
46 Vgl. Boos, K.-H./Meyer-Ramloch, D. (1999), S. 653.
47 Vgl. Burghof, H.-P./Henke, S./Schirm, A. (2000), S. 136.

# 6. Begrenzungen der Fungibilität

Dem globalen Markt der Kreditderivate werden durchweg positive Aussichten für die weitere Entwicklung zugesprochen. Allerdings sind dabei weltweit und in Deutschland noch erhebliche Problemfelder zu überwinden und Barrieren zu beseitigen, damit der Kreditderivatemarkt sein gesamtes Potenzial ausschöpfen kann.[1]

Insbesondere Informationsasymmetrien, rechtliche Unsicherheiten, mangelnde Transparenz, mangelndes Wissen, mangelnde Anzahl an Underlyings und technische Hemmnisse begrenzen die Fungibilität des Marktes der Kreditderivate.

## 6.1 Informationsasymmetrien

Grundsätzlich kann das Kreditrisiko in einen unsystematischen (spezifischen) Risikoteil und einen systematischen (allgemeinen) Risikoteil unterteilt werden. Während der unsystematische Teil auf die individuellen Gegebenheiten des jeweiligen Unternehmens zurückzuführen ist, wird der systematische Teil durch übergreifende fundamentale ökonomische Faktoren, wie regionale und branchenspezifische Konjunkturschwankungen beeinflusst.[2]

Da der Risikoverkäufer über einen direkten Zugang zum Schuldner verfügt, besitzt er bessere, schnellere und aktuellere Informationen über dessen wirtschaftliche Verhältnisse und hat somit einen Wissensvorsprung gegenüber dem Risikokäufer hinsichtlich des unsystematischen Kreditrisikos.[3]

Somit müsste jeder potenzielle Investor befürchten, dass der Risikoverkäufer vornehmlich die Kreditrisiken veräußert, von denen (nur) dieser weiß, dass sie „schlechte" Risiken sind. In diesem Fall wird von Adverse Selection gesprochen. Daneben bezeichnet Moral Hazard den mangelnden Anreiz des Protection Buyers, nach der Absicherung den Kreditnehmer zu überwachen.[4]

Adverse Selection und Moral Hazard werden als Informationsasymmetrien bezeichnet und dürften in der Vergangenheit hauptsächlich für die Illiquidität vieler Kreditrisiken verantwortlich gewesen sein.[5] Sie treten vornehmlich bei Unternehmen auf, die weniger bekannt und in der Regel auch nicht geratet sind.[6]

---

1  Vgl. Burghof, H.-P./Henke, S./Schirm, A. (2000), S. 538.
2  Vgl. Franke, G. (2000), S. 272.
3  Vgl. Burghof, H.-P./Henke, S. (2000), S. 33-34.
4  Vgl. Burghof, H.-P./Henke, S. (2000), S. 33-34.
5  Vgl. Burghof, H.-P./Henke, S. (2000), S. 33-34.
6  Vgl. Franke, G. (2000), S. 276.

## 6.1.1 Adverse Selection

Bei Kreditrisiken, die nicht durch anerkannte Ratingagenturen erfasst sind, ist der Risikokäufer in der Regel auf die Informationen angewiesen, die ihm der Risikoverkäufer über den Schuldner zur Verfügung stellt. Für den Risikokäufer besteht die Gefahr, dass er aufgrund eines Informationsnachteils die Höhe des Ausfallrisikos zu niedrig einschätzt und deshalb für die Übernahme eine zu niedrige Prämie verlangt. Der Risikoverkäufer kann gezielt versuchen, gerade solche Ausfallrisiken zu verkaufen. Dieses Verhalten des Verkäufers wird als Adverse Selection bezeichnet.[7]

Aus diesem Grund wird der Risikokäufer daher dem Verkäufer für die Risikoübernahme zusätzlich eine Misstrauensprämie in Rechnung stellen. Es liegt deshalb im Interesse des Verkäufers, die Informationsasymmetrien einzuschränken und dadurch die Misstrauensprämie zu reduzieren. Eine theoretische Möglichkeit hierfür ist, ein Rating einer vertrauenswürdigen Agentur einzuholen und es dem Käufer mitzuteilen.[8] Da ein solches externes Rating aber zeit- und kostenintensiv ist, darf die Praxistauglichkeit zumindest angezweifelt werden.

## 6.1.2 Moral Hazard

Das Problem des Moral Hazards kommt darin zum Ausdruck, dass der Risikoverkäufer nach der vollständigen oder teilweisen Veräußerung von Kreditrisiken ein schrumpfendes Interesse hat, den Schuldner weiterhin intensiv zu überwachen und gegebenenfalls Maßnahmen zu ergreifen, um die Wahrscheinlichkeit einer vertragsgemäßen Bedienung des Kredites zu erhöhen.[9]

Dieser Effekt entsteht deswegen, weil die Überwachung (Monitoring) beziehungsweise die Einleitung von Gegenmaßnahmen kostenintensive Aufgaben darstellen und der Risikoverkäufer aufgrund der vertraulichen Schuldner-Gläubiger-Beziehung relativ unbemerkt seine Aktivitäten reduzieren und dadurch seine finanzielle Position verbessern kann.[10]

Allerdings wird dieses Verhaltensproblem von den Risikokäufern antizipiert und ebenfalls mit einer Misstrauensprämie versehen. Um diesen Risikoaufschlag so gering wie möglich zu halten, werden deshalb die Verkäufer bestrebt sein, durch verschiedene Sicherungsmechanismen (Credit Enhancements) ihr vertragsgemäßes Verhalten glaubhaft darzustellen.[11]

---

7 Vgl. Franke, G. (2000), S. 276.
8 Vgl. Franke, G. (2000), S. 276.
9 Vgl. Burghof, H.-P./Henke, S. (2000), S. 34.
10 Vgl. Franke, G. (2000), S. 277.
11 Vgl. Franke, G. (2000), S. 277.

# 6.2 Rechtliche Unsicherheiten

Neben den Informationsasymmetrien sind die individuellen Vertragsgestaltungen, die uneinheitliche aufsichtsrechtliche Anerkennung sowie die Wahrung des Bankgeheimnisses weitere Hindernisse für die Entwicklung des Kreditderivatemarktes.[12]

## 6.2.1 Individuelle Vertragsgestaltung

Weil Kreditderivate als OTC-Geschäfte individuell vereinbart werden, wurden ihnen ursprünglich keine einheitlichen Rahmenverträge zugrunde gelegt. Daher ist es für die Marktteilnehmer besonders wichtig, die wesentlichen Vertragselemente wie etwa Credit Event und Credit Event Payment exakt zu spezifizieren, um somit im Schadensfall den eventuellen Anspruch auf Ausgleichszahlung rechtlich durchsetzen zu können und keine Verlustrisiken zu erleiden.[13] Vor allem die ungenaue Definition und abweichende Interpretation von Credit Events können zu rechtlichen Risiken führen.[14]

So ist es auch nicht verwunderlich, dass von Seiten vieler Marktteilnehmer zur Zeit das Credit Event „Restructuring", welches auch die Umschuldung und die Umstrukturierung umfasst, als das Hauptproblem angesehen wird. Hier herrscht ein Disput darüber, ob dieses überhaupt als Kreditereignis herangezogen werden soll. So ist die Aufnahme desgleichen in den Kreditvertrag zwar erforderlich, um aufsichtsrechtliche Anerkennung zu finden, jedoch wollen einige Marktteilnehmer wie beispielsweise Versicherer dies nicht vertraglich vereinbaren. Grund ist die Zweifelhaftigkeit der negativen Auswirkungen dieses Credit Events, da eine Umstrukturierung eines Underlyings nicht zwingend von Nachteil für den Risikokäufer sein muss.[15]

Die noch unzureichende Standardisierung der vertraglichen Gestaltung bei Kreditderivaten beeinträchtigt darüber hinaus auch den Handel mit diesen Produkten. Potenzielle Marktteilnehmer warten oftmals ab, bis das dadurch entstandene Rechtsrisiko beseitigt ist.[16] Mit den „1999 ISDA Credit Derivatives Definitions" von der International Swaps and Derivatives Association sind bereits in den letzten Jahren Standardisierungsbestrebungen auf diesem Gebiet erfolgreich umgesetzt worden.[17]

Die ISDA hat diese Definitionen entwickelt, um eine höhere Standardisierung und damit Transparenz der Dokumentation von Kreditderivaten herbeizuführen und dadurch die Voraussetzungen für ein reibungsloses und effizientes Funktionieren des Kreditderivatemarktes zu schaffen. Den Geschäftspartnern bietet sich damit die Möglichkeit, zur Ausgestaltung ih-

---

12  Vgl. Burghof, H.-P./Henke, S./Schirm, A. (2000), S. 539.
13  Vgl. Becker, A./Wolf, M. (2000), S. 385.
14  Vgl. Euler, A./Holschuh, K. (Dezember 1999), S. 14.
15  Persönliche Information durch Wilhelm, H. (13. November 2002).
16  Vgl. Becker, A./Wolf, M. (2000), S. 385.
17  Vgl. Nordhues, H.-G./Benzler, M. (2000), S. 199.

rer individuellen Verträge aus verschiedenen Alternativen auszuwählen.[18] Allerdings besteht eine solche explizite Standarddokumentation bisher nur für Credit Default Swaps.[19]

Mit Hilfe des Musters für die Bestätigung (Confirmation) werden die Geschäftsbedingungen zu einem Credit Default Geschäft festgehalten.[20] Verwenden die Vertragspartner die allgemein anerkannte Standard Confirmation der ISDA-Definitionen bei ihrer Transaktion, so führt dies zu einem einfacheren Vertragsabschluss und damit zu einer höheren Liquidität und zu einer niedrigeren Prämie, die der Risikoverkäufer zahlen muss. Wird hingegen auf die Verwendung dieser Standard Confirmation verzichtet, wird eine Absicherung für den Protection Buyer zum einen sehr teuer, und zum anderen wird dieses spezielle Kreditderivat am Sekundärmarkt praktisch unverkäuflich.[21]

Die Standardisierungsbestrebungen, also die Einflussnahme des Wunsches nach Berechenbarkeit von Kreditderivaten und Liquidität der Underlyings auf die Vertragsgestaltung, können aber auch dazu führen, dass Reference Assets wie zum Beispiel ein Kredit nicht mehr auf die Bedürfnisse des Schuldners, sondern auf die des Marktes zugeschnitten werden. Schließlich kann ein Kreditgeber das mit der Kreditvergabe verbundene Kreditrisiko besser am Kreditderivatemarkt verkaufen, wenn die Kreditstrukturierung den Wünschen der Marktteilnehmer entspricht.[22] Ob er diesen Vorteil an den Kreditnehmer in Form von günstigeren Kreditkonditionen weitergibt, sei dahin gestellt.

Ferner zählen zu den rechtlichen Problemen im internationalen Markt der Kreditderivate die Rechtsunsicherheit resultierend aus den unterschiedlichen nationalen Gesetzeslagen und Vorschriften sowie den damit verbundenen Zuständigkeitskonflikten. Aufgrund des noch frühen Entwicklungsstadiums dieser relativ neuen Produkte verstärkt die noch fehlende Rechtssprechung den Effekt der Rechtsunsicherheit.[23]

## 6.2.2 Aufsichtsrechtliche Anerkennung

Da der Markt der Kreditderivate zur Zeit weltweit keine einheitliche Regelung aufweist, wie diese Finanzinnovationen aufsichtsrechtlich zu behandeln sind, findet in den meisten Ländern noch eine „case by case policy" statt. Auch die Aufsichtsbehörden in Europa vertreten aktuell unterschiedliche Auffassungen.[24] Dabei ist für die weitere Entwicklung des Kreditderivatemarktes insbesondere in Deutschland von großer Bedeutung, inwieweit ihre risikoreduzierende Wirkung bankaufsichtlich anerkannt wird.[25]

---

18  Vgl. Neske, C. (2000), S. 47.
19  Vgl. Becker, A./Wolf, M. (2000), S. 385.
20  Vgl. Neske, C. (2000), S. 47.
21  Persönliche Information durch Wilhelm, H. (13. November 2002).
22  Vgl. Burghof, H.-P./Henke, S. (2000), S. 41.
23  Vgl. Becker, A./Wolf, M. (2000), S. 385.
24  Vgl. Hohl, S./Liebig, T. (1999), S. 522.
25  Vgl. Meyer-Ramloch, D./Schulte-Mattler, H. (2000), S. 442-443.

Aufgrund der immensen Bedeutung einer aufsichtsrechtlichen Behandlung ist es umso verwunderlicher, dass in Deutschland keine solchen Regelungen bei der Neufassung des Eigenkapitalgrundsatzes I im Rahmen der 6. Novelle des Kreditwesengesetzes von 1997 gefunden wurden. Die ersten verbindlichen Regelungen wurden erst mit dem am 16. Juni 1999 veröffentlichten Rundschreiben 10/99 zur Behandlung von Kreditderivaten im Rahmen des Grundsatzes I sowie der Großkredit- und Millionenkreditvorschriften von der Bundesanstalt für Finanzdienstleistungsaufsicht[26] geschaffen.[27]

Das Rundschreiben 10/99 der BaFin beschäftigt sich ausschließlich mit den Grundstrukturen Total Return Swaps, Credit Default Swaps und Credit Linked Notes und gibt insofern auch keine Antwort auf die Frage, wie die derzeit sehr an Popularität und Bedeutung gewinnenden synthetischen Verbriefungen zu behandeln sind. Es erwähnt nur, dass von den genannten Transaktionen abweichende Strukturen mit der BaFin individuell abzustimmen sind.[28]

Allerdings wird von der Aufsichtsbehörde nicht jedes Kreditderivat, welches in eine der drei oben genannten Kategorien fällt, anerkannt. Um eine risikoreduzierende Wirkung von Kreditderivaten zu berücksichtigen, ist generell die Übertragung der betreffenden Kredit- beziehungsweise Kursrisiken in wirksamer Weise auf den Sicherungsgeber notwendig. Daneben ist ferner erforderlich, dass sich das Referenzaktivum und das Risikoaktivum gleichartig verhalten müssen, das heißt, sie müssen sich auf denselben Schuldner beziehen, sie müssen im Insolvenzfall den gleichen Rang einnehmen und das Referenzaktivum muss in bezug auf das Credit Event durch entsprechende vertragliche Regelungen mit dem Risikoaktivum verbunden sein.[29]

Des weiteren ist für eine bankaufsichtliche Anerkennung das zu besichernde Risikoaktivum grundsätzlich für seine gesamte Restlaufzeit durch ein Kreditderivat abzusichern. Im Falle einer Laufzeitunterdeckung – wenn also die Restlaufzeit des Kreditderivats kürzer ist als die des zu besichernden Risikoaktivums – verbleibt das Kreditrisiko beim Sicherungsnehmer für den künftig ungesicherten Zeitraum.[30]

Das Rundschreiben der BaFin erhebt nicht den Anspruch einer endgültigen Lösung, sondern versteht sich lediglich als provisorische Regelung bis zum Abschluss einer internationalen Vereinbarung. Diese soll mit in der angestrebten umfassenden Überarbeitung des Kreditrisikobereiches der Basler Eigenkapitalvereinbarungen, auch als Basel II bezeichnet, gefunden werden.[31]

---

26  Das Rundschreiben 10/99 wurde vom Bundesaufsichtsamt für das Kreditwesen (BAKred) herausgegeben. Dieses ist, gemeinsam mit den ehemaligen Bundesaufsichtsämtern für das Versicherungswesen (BAV) und den Wertpapierhandel (BAWe), allerdings zum 01. Mai 2002 durch das Gesetz über die integrierte Finanzdienstleistungsaufsicht unter dem Dach der Bundesanstalt für Finanzdienstleistungsaufsicht (BaFin) zusammengefasst worden.

27  Vgl. Meyer-Ramloch, D./Schulte-Mattler, H. (2000), S. 442-443.

28  Vgl. Herring, F./Kusserow, B. (23. September 1999), S. B11.

29  Vgl. Bundesanstalt für Finanzdienstleistungsaufsicht (Hrsg.) (16. Juni 1999), S. 5-6.

30  Vgl. Bundesanstalt für Finanzdienstleistungsaufsicht (Hrsg.) (16. Juni 1999), S. 6.

31  Vgl. Burghof, H.-P./Henke, S. (14/1999), S. 733.

Bis eine solche einheitliche Regelung gefunden wird, sind die Ausfallrisiken aus Kreditderivaten weiterhin vollständig anrechnungspflichtig. Dies bedeutet: Total Return Swaps und Credit Default Swaps sind mit einem Risikoklassenfaktor von 100 Prozent zu gewichten und somit wie traditionelle außerbilanzielle Geschäfte zu behandeln. Dahingegen ist bei Credit Linked Notes als Bonitätsgewichtungsfaktor das Maximum aus dem Bonitätsgewichtungsfaktor des Sicherungsnehmers und des Referenzschuldners anzusetzen.[32]

Zusammenfassend kann bis heute die bankaufsichtliche Behandlung von Kreditderivaten noch nicht als angemessen, sondern lediglich als ein erster Schritt in die richtige Richtung gewertet werden. Schließlich bestehen noch zu viele Probleme, die im wesentlichen mit den grundsätzlichen Anrechnungssystematiken für Kreditrisiken im Anlage- und Handelsbuch zusammenhängen.[33]

## 6.2.3 Wahrung des Bankgeheimnisses

Handelt es sich bei den Reference Assets um Kredite von an der Börse tätigen Unternehmen beziehungsweise um syndizierte Kredite, kann hinsichtlich der Definition des Credit Events relativ problemlos auf ein öffentliches Ereignis zurückgegriffen werden, das von neutraler Stelle (Publicly Available Information) bestätigt wurde. Somit soll die Unabhängigkeit der am Geschäft beteiligten Parteien von dem Ereignis, das eine Ausgleichszahlung auslöst, gewährleistet werden.[34]

Im Falle eines am Kapitalmarkt unbekannten Unternehmens stellt sich die Öffentlichkeit des Credit Events jedoch problematischer dar. In einem solchen Fall liegen normalerweise keine Bonitätsinformationen vor, da dieses weder mit einem Rating ausgestattet ist noch hat es bisher eine Wertpapieremission getätigt. Dies führt beispielsweise bei einem Kredit als Referenzaktivum dazu, dass die Information über eine Zahlungsstörung von der kreditgebenden Bank an ihren Geschäftspartner weitergegeben werden müsste. Da diese allerdings an die Einhaltung des Bankgeheimnisses gebunden ist, wird dies nicht möglich sein.[35]

Bei dem Bankgeheimnis handelt es sich um eine Nebenpflicht der vertraglichen Beziehung zwischen Bank und Kunden und bewirkt für die Bank eine Verpflichtung zur Verschwiegenheit über alle kundenbezogenen Tatsachen und Wertungen, von denen sie Kenntnis erlangt. Es wird lediglich durch gesetzliche Vorschriften, die eine Auskunftspflicht begründen, und durch den Kunden selbst begrenzt. Die Pläne der Bundesregierung, verpflichtende Kontrollmitteilungen der Banken an die Finanzämter über sämtliche Kapitaleinkünfte und private Veräußerungsgewinne der Bürger einzuführen, scheinen auf unsere Problematik keine Auswirkungen zu haben.[36]

---

32  Vgl. Hartmann-Wendels, T./Pfingsten, A./Weber, M. (2000), S. 392.
33  Vgl. Meyer-Ramloch, D./Schulte-Mattler, H. (2000), S. 442-443.
34  Vgl. Hüttemann, P. (1998), S. 72.
35  Vgl. Hüttemann, P. (1998), S. 72.
36  Vgl. o. V. (20. November 2001), S. 3.

Gerade bei der Preisstellung von Kreditderivaten besteht die Gefahr eines Verstoßes gegen das Bankgeheimnis. So könnten bei der Nachfrage des Risikoverkäufers nach Absicherung am Markt der Kreditderivate bei der Bekanntgabe des Risikos beziehungsweise der Transaktionsstrukturierung geschützte Informationen an den Risikokäufer gelangen. Um dies zu vermeiden, werden oftmals allgemeine Preisindikatoren verwendet. Auch individuelle vertragliche Gestaltungen wären denkbar, scheitern in den meisten Fällen allerdings an der mangelnden Einwilligung des Referenzschuldners zur Weiterleitung relevanter Informationen.[37]

Dies auch deswegen, da der Risikokäufer ein Kreditderivat nur zu dem Zwecke erwerben wollen könnte, um an bestimmte interne Unternehmensinformationen zu gelangen. Mittels der gezielten Durchbrechung des Bankgeheimnisses könnte somit Industriespionage zur Verbesserung der eigenen Wettbewerbsposition betrieben werden. Aktivitäten zahlreicher Industrie- und Handelsadressen auf diesem Sektor bekräftigen diese Vermutung. Besonders bei den Vertragsverhandlungen bezüglich des Credit Events darf deshalb keiner der Geschäftspartner Zusagen abgeben, die gegen das Bankgeheimnis verstoßen könnten.[38]

Um das Geheimhaltungsinteresse der Marktteilnehmer zu wahren, wird bei Transaktionen mit Kreditderivaten teilweise restriktiv mit Informationen umgegangen. Dies zeigt sich zum Beispiel, wenn Broker zur Vermittlung eines Kreditderivategeschäftes eingeschaltet sind. Nach deren Usancen ist es üblich, dass erst nach Abschluss eines solchen Geschäftes die beteiligten Kontrahenten und somit auch die Qualität des Sicherungsgebers genannt werden. Dabei kann es passieren, dass der Risikoverkäufer hinsichtlich seines Kontrahenten bereits ausgeschöpfte Kreditlinien besitzt beziehungsweise dessen Bonität keine Verbesserung hinsichtlich der Risikoposition mit sich bringt. Auch eine positive Korrelation zwischen Kreditrisiko und Protection Seller ist nicht ausgeschlossen.[39] Allerdings ändert dieser Sachverhalt nichts an der Bankgeheimnisproblematik, da die Schutzbedürfnisse des Kontrahenten nach Veröffentlichung der Daten nicht mehr gewahrt sind.

Das Problem der Einhaltung des Bankgeheimnisses zeigt sich auch dann, wenn bei einer Transaktion, beispielsweise Emission einer CLN, ein SPV eingeschaltet ist, an welches Forderungen übertragen werden. Hierbei kollidiert das Auskunftsrecht des Forderungserwerbers gemäß § 402 BGB mit dem Bankgeheimnis.[40]

---

37  Vgl. Nordhues, H.-G./Benzler, M. (2000), S. 193-194.
38  Vgl. Nordhues, H.-G./Benzler, M. (2000), S. 193-194.
39  Vgl. Hohl, S./Liebig, T. (1999), S. 519.
40  Vgl. Nordhues, H.-G./Benzler, M. (2000), S. 192-193.

# 6.3 Mangelnde Transparenz

Ein großes Hemmnis der Entwicklung des Kreditderivatemarktes ist die unzureichende Transparenz aufgrund fehlender einheitlicher Ratingsysteme und Preisermittlungsverfahren.

## 6.3.1 Quantifizierung des Kreditrisikos

Um eine adäquate Risikoprämie für ein Kreditderivategeschäft kalkulieren zu können, ist eine genaue Quantifizierung des Kreditrisikos notwendig. Nur so ist ein liquider Handel oder Verkauf von Kreditrisiken möglich.[41]

Der wohl am weitesten verbreitete Ansatz zur Beurteilung der Kreditwürdigkeit eines Unternehmens ist die klassische Fundamentalanalyse. Hierbei erfolgt eine Beurteilung, auch im Vergleich mit anderen Unternehmen, anhand quantitativer Unternehmenskriterien wie finanzielle Stärke und Kapitalstruktur sowie anhand qualitativer Unternehmenskriterien wie Qualität des Managements. Als dritter Faktor stützt sich dieser Ansatz auf unternehmensexterne Kriterien wie Marktstellung und gesamtwirtschaftliche Lage.[42]

Diese systematische Beurteilung eines Unternehmens hinsichtlich seines Kreditrisikos entstand zum Ende des 19. Jahrhunderts aus dem Wunsch von Investoren, die zahlreich angebotenen Investitionsmöglichkeiten in Wertpapieren bezüglich ihres Kreditrisikos vergleichbar zu machen und wird als Rating bezeichnet.[43] Rating, vom englischen Begriff „to rate" = bewerten, klassifizieren, ist dabei nicht gleichzusetzen mit der Unternehmensbewertung, die eine Aussage über den Gesamtwert des Unternehmens zum Ziel hat. Mittels Ratingverfahren können dann Aussagen über die Wahrscheinlichkeit, mit der ein Kreditnehmer seine Verbindlichkeiten vollständig und pünktlich bezahlen wird, abgeleitet werden. Allerdings zeigen diverse Fälle der Vergangenheit wie etwa Enron und Worldcom, dass auch auf Ratingergebnisse nicht „blind Verlass" ist.[44]

Im Gegensatz zu bankinternen Kreditwürdigkeitsprüfungen, die dem Bankgeheimnis unterliegen, werden die externen Ratingergebnisse auch über Online-Informationsdienste den Marktteilnehmern öffentlich zugänglich gemacht. Dabei handelt es sich nicht um einen einmaligen Vorgang, sondern ein Rating wird ständig überprüft und den aktuellen Verhältnissen des Unternehmens angepasst.[45]

Des weiteren können Ratings in Emittentenratings, die sich auf die Bonität des Emittenten beziehen, und Emissionenratings, also Ratings die nur das Ausfallrisiko bezüglich der je-

---

41  Vgl. Hartmann-Wendels, T./Pfingsten, A./Weber, M. (2000), S. 215-216.
42  Vgl. Kassberger, S./Wentges, P. (1999), S. 26.
43  Vgl. Hüttemann, P. (1999), S. 16-18.
44  Vgl. Bundesverband der Deutschen Volksbanken und Raiffeisenbanken e. V. (BVR) (Hrsg.) (2002), S. 17.
45  Vgl. Hüttemann, P. (1999), S. 16-18.

weiligen Anleiheemission beschreiben, differenziert werden.[46] Üblicherweise erfolgt dabei eine Beurteilung der Kreditwürdigkeit auf Initiative des untersuchten Unternehmens durch unabhängige Ratingagenturen, wobei eine Klassifizierung in Form von Ratingsymbolen vorgenommen wird.[47]

| Moody's | Standard & Poor's | Risikokategorie |
| --- | --- | --- |
| Aaa | AAA | Höchste Bonität, geringstes Ausfallrisiko |
| Aa1 | AA+ | Hohe Bonität, kaum höheres Risiko |
| Aa2 | AA | |
| Aa3 | AA– | |
| A1 | A+ | Überdurchschnittliche Bonität |
| A2 | A | etwas höheres Risiko |
| A3 | A– | |
| Baa1 | BBB+ | Mittlere Bonität, stärkere Anfälligkeit |
| Baa2 | BBB | bei negativen Entwicklungen im |
| Baa3 | BBB– | Unternehmensumfeld |
| Ba1 | BB+ | Spekulativ, Zins- und Tilgungszahlungen |
| Ba2 | BB | bei negativen Entwicklungen gefährdet |
| Ba3 | BB– | |
| B1 | B+ | Geringe Bonität, relativ hohes Ausfallrisiko |
| B2 | B | |
| B3 | B– | |
| Caa | CCC | Geringste Bonität, höchstes Ausfallrisiko |
| Ca | CC | |
| C | C | |
| – | D | Schuldner bereits in Zahlungsverzug oder Insolvenz |

*Abbildung 14: Interpretation der Ratingkategorien*
Quelle: Kassberger, St./Wentges, P. (1999), S. 30.

Die jährliche Gebühr für die Durchführung eines solchen Ratings kann sich dabei auf bis zu 50.000 Euro belaufen. Insbesondere die beiden amerikanischen Agenturen Moody's Investor Service und Standard & Poor's stellen auf den internationalen Finanzmärkten einen Standard dar. Mittlerweile haben sich auch in Deutschland zahlreiche Ratingagenturen entwickelt, die als Zielgruppe mittelständische Betriebe nennen.[48]

---

46  Vgl. Achleitner, A.-K. (2001), S. 623.
47  Vgl. Hüttemann, P. (1999), S. 16-18.
48  Vgl. Bundesverband der Deutschen Volksbanken und Raiffeisenbanken e. V. (BVR) (Hrsg.) (2002), S. 24.

Im Vergleich mit den USA wird deutlich, dass an den europäischen Finanzmärkten eine deutlich geringere Anzahl von gerateten Wertpapieremittenten (beziehungsweise -emissionen) zu verzeichnen sind. Dies liegt zum einen an der fehlenden oder nur geringen Verankerung von Ratingbewertungen in gesetzlichen Regelungen und zum anderen daran, dass schon die Grundgesamtheit der Wertpapieremittenten in Europa sehr gering ist. Letzteres ist darauf zurückzuführen, dass die Deckung des industriellen Fremdkapitalbedarfs traditionell über die Banken erfolgte.[49]

Die unterschiedlichen Entwicklungsstände bei Ratingbewertungen werden besonders in Statistiken sichtbar. So entfielen beispielsweise 1997 bei Standard & Poor's von insgesamt 2.000 gerateten Industrieunternehmen lediglich 300 auf nicht-amerikanische Unternehmen. Ebenso deutlich fällt ein Vergleich von Wertpapierneuemissionen europäischer und amerikanischer Emittenten bezüglich ihres Ratingstatus aus. So hat Europa nicht nur weitaus mehr Emissionen die in die Kategorie „Nicht geratet" fallen, sondern dieser Anteil ist fast so groß wie der Anteil der „AAA"-Emissionen selbst.[50]

Daher ist es auch nicht verwunderlich, dass europäische Kreditgeber bei der Bonitätsbeurteilung zumeist eigenentwickelte, hausinterne Ratingbewertungen verwenden, die anschließend mittels Überleitungsschemata mit anerkannten Agenturratings vergleichbar gemacht werden.[51]

## 6.3.2 Komplexität der Preisermittlung

Ein weiteres Hemmnis der Entwicklung des Marktes der Kreditderivate ist die unzureichende Transparenz der gehandelten Preise. Dies liegt darin begründet, dass sich – im Gegensatz zum Marktpreisrisiko mit dem Black & Scholes-Ansatz für die Optionspreisberechnung – bis heute noch keine standardisierten, vereinheitlichten Bewertungsmodelle im Markt etablieren konnten, mit deren Hilfe Preise für Kreditderivate ermittelt werden könnten. Im Gegenteil: Jede große Bank verwendet ein eigenes Pricing Tool, mit dem es den theoretisch richtigen Preis eines Kreditderivats ermittelt.[52]

Alle Modelle der jeweiligen Finanzinstitute haben gemeinsam, dass sie für die Benennung der Ausfallwahrscheinlichkeiten auf makroökonomische Faktoren zurückgreifen müssen. Allerdings unterscheiden sich die Modelle darin, welchen Ansatz sie dabei wählen. So basieren CreditMetrics von J.P. Morgan und KMV von KMV Corporation direkt oder indirekt auf Aktienindexmodellen, während das CreditPortfolioView von McKinsey auf ökonometrischen Modellen wie zum Beispiel der logistischen Regression aufbaut. Auch CreditRisk+ von Credit Suisse Financial Products, in dem die Ausfallrate direkt mo-

---

49  Vgl. Hüttemann, P. (1999), S. 63.
50  Vgl. Hüttemann, P. (1999), S. 60-61.
51  Vgl. Hüttemann, P. (1999), S. 63.
52  Persönliche Information durch Wellmann, H. (11. November 2002).

delliert wird, nutzt ökonometrische Modell, in dem es eine Sektoreinteilung in verschiedene Branchen oder Länder vornimmt.[53]

Dabei stellt insbesondere CreditMetrics eine Art Quasi-Standard dar, auf dem andere Marktteilnehmer ihre Systeme in Abwandlung aufsetzen. Diese Methode wurde federführend von der Risk Management Group von J.P. Morgan im April 1997 nach intensiven Diskussionen mit anderen Banken, Bankenaufsichtsbehörden und Akademikern entwickelt. Da an der Modellentwicklung noch weitere namhafte Co-Sponsoren wie Bank of America, Deutsche Morgan Grenfell, UBS und die amerikanische Beratungsfirma KMV beteiligt waren, kann von einer Benchmark zur Kreditrisikomessung gesprochen werden.[54]

Ferner kann mit diesen Modellen der Credit-at-Risk ermittelt werden. Dieser beschreibt den maximalen Wertverlust eines Kreditportfolios innerhalb eines bestimmten Betrachtungszeitraumes (üblicherweise ein Jahr), der mit einer vorgegebenen Wahrscheinlichkeit nicht überschritten wird. Letztendlich besteht natürlich in dem Maße, wie die am Markt verwendeten Modelle zwischen den unterschiedlichen Marktteilnehmern differenzieren, zusätzliche Intransparenz.[55]

Der theoretisch richtige Preis ist eine gute Indikation für den Preis, der tatsächlich am Markt aufgrund von Angebot und Nachfrage zustande kommt. Allerdings können die beiden Preise in der Praxis deutlich auseinander liegen. Dies ist unter anderem dann der Fall, wenn ein Investor bereit ist, für ein Kreditderivat mit einem Unternehmen als Underlying, das einen besonders guten Namen hat (zum Beispiel eine Weltmarke wie Coca Cola), eine geringere Prämie als für ein vergleichbares Unternehmen mit einem weniger guten Ruf zu erhalten. Dieser Effekt wird auch als Name Recognition bezeichnet.[56]

Möchte ein Investor einen fairen Preis am Markt bezahlen, so ist es für ihn unerlässlich, einen Preisvergleich zwischen verschiedenen Banken oder mit den entsprechenden Produkten am Kassamarkt durchzuführen. Auffällig ist dabei, dass Banken nur sehr selten gleichzeitig Geld- und Briefpreise für ein Kreditderivat quotieren, insbesondere wenn das zugrundeliegende Kreditprodukt illiquide ist. Sollten sie dennoch quotieren, dann sind die erhältlichen Geld/Brief-Spannen oftmals sehr weit gestellt.[57]

Allerdings ist zu erwähnen, dass die Messung des Kreditrisikos wesentlich schwieriger als die Messung des Marktrisikos ist. Dies liegt zum einen daran, dass die zur Messung des Marktrisikos relevanten Informationen in Form von zum Beispiel Zinssätzen und Kursen und deren tägliche Veränderungen vergleichsweise einfach erhältlich sind, während im Bereich der Kreditrisiken eine relativ unzuverlässige Datenbasis besteht, da Zusammenbrüche von großen Unternehmen selten zu beobachten sind.[58]

53  Vgl. Overbeck, L. (1999), S. 105.
54  Vgl. Wohlert, D. (1999), S. 339-340.
55  Vgl. Schulz, A. (1999), S. 484-485.
56  Persönliche Information durch Wellmann, H. (11. November 2002).
57  Vgl. Landry, S./Radeke, O. (1999), S. 564.
58  Vgl. Wohlert, D. (1999), S. 339.

Zum anderen sind beim Marktrisiko steigende und sinkende Kurse in vergleichbarem Ausmaß vorhanden, so dass für Kursänderungen in den entsprechenden Modellen in der Regel eine Normalverteilung angenommen wird. Dahingegen sind beim Kreditrisiko Kreditausfälle bis zum Totalausfall möglich, während Kursgewinne jedoch aufgrund von Bonitätsverbesserungen in aller Regel in keinem oder nur geringem Ausmaß erzielbar sind. Diese Asymmetrie bereitet aus mathematisch-statistischen Gründen Probleme.[59]

## 6.4 Mangelndes Wissen über Kreditderivate

Kreditderivate weisen eine hohe Komplexität in Bezug auf die Struktur und vor allem die Bewertung auf. Dadurch werden an das Personal von Marktteilnehmern völlig neue Anforderungen gestellt. So werden in Kreditinstituten Mitarbeiter für den Handel von Kreditderivaten benötigt, die sich sowohl im Derivate- beziehungsweise Wertpapierhandel als auch im Kreditgeschäft auskennen. Ebenso werden zukünftig für die Kreditanalyse auch Grundkenntnisse von Handelsgeschäften und den internationalen Kredit- und Kapitalmärkten erwartet.[60]

Obwohl bei kleineren Banken und Nichtbanken bereits ein gewisses Maß an Produktkenntnis vorhanden ist, sehen viele dieser potenziellen Marktteilnehmer noch von einem Markteintritt ab, da sie nicht über die notwendige Bewertungskenntnis verfügen. Diejenigen, die dennoch mit Kreditderivaten arbeiten wollen, sind gezwungen, das Produkt und die benötigte Bewertungstechnologie aus einer Hand zu beziehen. Dabei ist allerdings eine großen Vertrauensbasis vonnöten, da der Marktteilnehmer bei diesem Kopplungsgeschäft keinen Einfluss auf die Ordnungsmäßigkeit der Bewertung und kaum Kontrollmöglichkeiten hat.[61]

Neben diesen personellen und fachlichen Hemmnissen erweisen sich auch der finanzielle Ressourcenverbrauch und die zeitliche Komponente als ein Zögerungsgrund für Unternehmen, aktiv Kreditrisikomanagement zu betreiben. Schließlich nimmt alleine die Einführung eines neuen Kreditrisikomanagementprozesses in einem Unternehmen einen größeren Zeitraum in Anspruch.

## 6.5 Mangel an potenziellen Underlyings

Kreditderivate haben mit der Bonität ein Merkmal als Underlying, das individuell einem Wirtschaftssubjekt zugeordnet werden kann. Dies unterscheidet sie etwa von Zinsderivaten, bei denen der Marktzins für eine Vielzahl von Anleihen anwendbar ist. Dies führt

---

59 Vgl. Wohlert, D. (1999), S. 339.
60 Vgl. Hüttemann, P. (1999), S. 184.
61 Vgl. Burghof, H.-P./Henke, S. (2000), S. 37-38.

dazu, dass die Liquidität des Kreditderivatemarktes somit auch von der Anzahl der potenziellen Underlyings abhängt. Weil diese, unter anderem aufgrund der mangelnden Publizität des Credit Events bei Krediten, aktuell noch nicht in ausreichender Anzahl vorhanden sind, wird die Marktentwicklung gehemmt.[62]

Während in den USA die Anzahl der verfügbaren Finanztitel verschiedener Referenzschuldner hoch ist, wählen die europäischen Marktteilnehmer erst in letzter Zeit verstärkt den direkten Zugang zum Finanzmarkt. Dieser Trend wird unter anderem durch die wachsende Bedeutung dieser Märkte für die Kapitalbeschaffung sowie die Globalisierungseffekte verstärkt.[63]

Durch diesen Engpass beschränkt sich die Anwendbarkeit von Kreditderivaten im Wesentlichen noch auf wenige große Schuldner, etwa multinationale Großunternehmen, Institutionen oder Staaten, die am Kapitalmarkt aktiv und geratet sind.[64] Allerdings erfüllt die Struktur der Kreditportfolios der meisten deutschen Kreditinstitute diese Voraussetzungen nicht.[65] Somit stellt das Problem des Mangels an potenziellen Underlyings den entscheidenden Engpass für das Wachstum des Kreditderivatemarktes dar.[66]

Bemerkenswert ist dabei, dass die Restriktion durch fehlende Underlyings tendenziell nicht nur von kleineren Instituten als gravierend empfunden wird, sondern vielmehr von den Instituten, die mit einem schon relativ breit gestreuten Portfolio an Underlyings ein hohes Nominalvolumen realisieren.[67]

# 6.6 Technische Hemmnisse

Neben den bisher skizzierten Barrieren des Marktes der Kreditderivate hemmen auch technische Problematiken dessen Entwicklung.[68] So müssen umfangreiche EDV-Systeme und vor allem Softwareprogramme entwickelt beziehungsweise weiterentwickelt werden, die in der Lage sind, eine adäquate Überwachung und Steuerung der Risiken zu ermöglichen. Diese Anforderungen sind nicht nur sehr kostenintensiv, sondern binden auch große Mengen an personellen Ressourcen.[69]

---

62  Vgl. Büschgen, H. E. (1998), S. 970-971.
63  Vgl. Hüttemann, P. (1999), S. 64-65.
64  Vgl. Büschgen, H. E. (1998), S. 978.
65  Vgl. Gehrmann, V. (2000), S. 341.
66  Vgl. Fischer, L. H. (1999), S. 179.
67  Vgl. Burghof, H.-P./Henke, S./Schirm, A. (2000), S. 154.
68  Vgl. Fischer, L. H. (1999), S. 179.
69  Vgl. Hüttemann, P. (1999), S. 184.

# 7. Notwendigkeiten zur Erhöhung der Fungibilität

Dem Mangel an Transparenz, der heute eine breitere Verwendung von Kreditderivaten behindert, wird der Markt in den kommenden Jahren eine zunehmende Vereinheitlichung der Produkte hinsichtlich Vertragsgestaltung, aufsichtsrechtlicher Anerkennung, Pricing sowie ihrer Berücksichtigung in der Risikomessung entgegensetzen. Darüber hinaus werden Informationsasymmetrien, technische Hemmnisse, die Problematik des Bankgeheimnisses und der Mangel an Underlyings überwunden werden müssen.[1] Grundsätzlich ist festzustellen: Je komplexer die Strukturen, desto intransparenter, aufwendiger, kostenintensiver und damit uninteressanter wird die Durchführung von Transaktionen mit diesen Finanzinnovationen für die Marktteilnehmer. Daher kann es nur zu einer hohen Fungibilität kommen, wenn ein hohes Maß an Standardisierung vorliegt.[2]

## 7.1 Überwindung von Informationsasymmetrien

Die Trennbarkeit der Kreditrisiken in einen systematischen und einen unsystematischen Teil ermöglicht eine Spezifizierung der Informationsasymmetrien zwischen der kreditvergebenden Bank und dritten Marktteilnehmern. Mittels dieser Separierung des Kreditrisikos kann nun eine Lösung der Adverse Selection- und Moral Hazard-Problematik angestrebt werden. Davon abhängig, welcher Teil veräußert wird, können die jeweiligen Probleme umgangen werden.[3]

Aufgrund der Tatsache, dass systematische Risiken allgemein beobachtbar und von keinem Vertragspartner beeinflussbar sind, mindern sie auch nicht den Anreiz der Bank, den Schuldner zu überwachen. Dies liegt daran, das nicht der Kreditausfall an sich abgesichert ist, sondern nur die Veränderungen von Faktoren, die Einfluss auf den Kreditausfall haben, von der Absicherung erfasst werden.[4]

Bei den unsystematischen Kreditrisiken hingegen hat die Bank einen Informationsvorsprung und durch eine effektive Kontrolle des Kreditnehmers Einflussmöglichkeiten auf dessen individuelle Gegebenheiten.[5] Darüber hinaus fördern die Publizitätsanforderungen von Börsen, die Finanzmarktförderungsgesetze sowie der Wettbewerb um die Gunst der

---

1  Vgl. Krumnow, J. (1999), S. 120-122.
2  Persönliche Information durch Titsch-Rivero, A. (13. November 2002).
3  Vgl. Burghof, H.-P./Henke, S. (2000), S. 34.
4  Vgl. Hartmann-Wendels, T./Pfingsten, A./Weber, M. (2000), S. 766-767.
5  Vgl. Burghof, H.-P./Henke, S. (2000), S. 34.

47

Investoren die Erhöhung der Transparenz auf den Finanzmärkten. Dies trägt maßgeblich dazu bei, dass die Informationsasymmetrien weiter eingeschränkt werden.[6]

## 7.1.1 Adverse Selection

Mit Ausnahme von regional tätigen Banken wie Sparkassen und Genossenschaftsbanken verfügen Kreditinstitute in der Regel über ein breit gestreutes Kreditportfolio, welches regionale und branchenspezifische Risikofaktoren weitgehend ausschaltet. Somit beinhaltet das Portfolio vorwiegend das systematische Risiko, gegenüber dem lediglich geringe Informationsasymmetrien bestehen. Je stärker dabei ein Portfolio diversifiziert ist, desto geringer ist die Bedeutung der systematischen (hier: Branchen/Regionen) und vor allem der unsystematischen Risikofaktoren. Mit einem Kreditderivat wie vor allem einer Credit Linked Note, dem ein Portfolio von Krediten zugrunde liegt, kann bei der Adverse Selection-Problematik Abhilfe geschaffen werden.[7]

Allerdings kann damit das Problem der Adverse Selection nur teilweise ausgeschaltet werden, denn die Qualität der einzelnen Kredite bedarf ebenfalls der Klärung. Dies kann durch die Anlehnung an eine externe Bewertung durch eine Ratingagentur erfolgen. Dadurch wird auch die Investorensuche wesentlich erleichtert. Je nach individuellem Rating erzielt der Investor eine Risikoprämie, die dem Kreditrisiko des Schuldners entspricht. Da ein Rating eine konstante Beobachtung während der Laufzeit des Verschuldungsinstrumentes beinhaltet, wird sichergestellt, dass der Investor sein Portfolio zu marktgerechten Kursen umschichten kann.[8]

Oftmals können aber für die einzelnen Kredite keine externen Ratingagenturen hinzugezogen werden, da nach deutschem Recht über die Identität des Kreditnehmers und sonstige Eigenschaften des Kredits Anonymität gewahrt werden muss. Dies führt dazu, dass die Ratingagentur auf das bankinterne Ratingsystem aufbauen muss, nachdem es dessen methodische Konzeption und Verlässlichkeit überprüft hat. Insgesamt bleibt festzuhalten, dass ein Rating die Adverse Selection-Problematik erheblich vermindert.[9]

## 7.1.2 Moral Hazard

Erfolgte eine Festlegung jedes künftigen Umweltzustandes und die zugehörigen Maßnahmen, die beim jeweiligen Eintreten zu erfolgen haben, würde dies erheblich zur Reduzierung der Moral Hazard-Problematik beitragen. Allerdings müsste ein Kreditderivatevertrag derart viele Situationen abdecken, dass er deutlich zu komplex wäre. Des weiteren

---

6   Vgl. Franke, G. (2000), S. 288.
7   Vgl. Franke, G. (2000), S. 277.
8   Vgl. Sengera, J. (2002), S. 241.
9   Vgl. Franke, G. (2000), S. 277.

würde diese Maßnahme auch an der fehlenden Beobachtbarkeit beziehungsweise Verifizierbarkeit vieler Maßnahmen scheitern.[10]

Eine weitere Maßnahme, durch die eine Bank ihr künftiges Verhalten glaubwürdig binden kann, besteht darin, dass sie nur einen Teil des Kreditrisikos veräußert und den übrigen Teil als Eigenanteil behält. Dies kann entweder durch die Übernahme eines prozentualen Anteils der Ausfälle oder durch eine Selbstbeteiligung geschehen. Letztgenanntes bedeutet, dass die Bank sämtliche Ausfälle bis zu einer bestimmten Höhe abdeckt und nur die darüber hinaus gehenden Ausfälle vom Transaktionspartner übernommen werden.[11]

Verbleibt also ein Teil der Kreditrisiken bei der veräußernden Bank, so bleibt ein – wenn auch ein verminderter – Anreiz für das Kreditinstitut bestehen, den Kreditnehmer weiterhin zu überwachen. Zusätzlich kann der Risikoverkäufer mit einem hohen Eigenanteil dokumentieren, dass nach ihrer Einschätzung das Kreditrisiko als gering anzusehen ist und die Qualität der Kreditrisiken gut ist.[12]

Dabei gilt es einen Mittelweg zu finden. Denn zum einen ist der Absicherungsgrad je höher, desto geringer die Abgabe von Kreditrisiken ist und zum anderen muss sie einen Teil dieser Risiken behalten, um die Misstrauensprämie einzuschränken.[13]

Um Moral Hazard zu vermeiden, kann die Bank den Investoren auch einen definierten Standard an „Servicing" des Kreditgeschäftes garantieren. Dies kann unter anderem das Monitoring des Engagements oder Werthaltigkeitsprüfungen von Sicherheiten umfassen. Zusätzlich können diese Mindeststandards – wie bei ABS-Transaktionen üblich – von einem Treuhänder überwacht werden, der zum Beispiel prüft, ob es im Falles eines Credit Events Auffälligkeiten in der Kreditbearbeitung gab.[14]

Insgesamt ist dabei nicht erforderlich, dass der verantwortliche Betreuer des Engagements Kenntnis von der Absicherung hat. Diese kann der Portfoliomanager auf Portfolioebene unabhängig von der Einbindung der operativen Einheiten durchführen. Die Sicherung der Unabhängigkeit der Entscheidung erfolgt dabei durch sogenannte Chinese Walls innerhalb der Banken. Damit wird eine Verhaltensänderung des Betreuers vermieden.[15]

# 7.2 Beseitigung rechtlicher Unsicherheiten

Entscheidend für die Geschwindigkeit der Entwicklung des Marktes der Kreditderivate dürfte auch sein, wie schnell ein höherer Grad an Standardisierung der Geschäfte sowie

---

10 Vgl. Hartmann-Wendels, T. (2000), S. 423.
11 Vgl. Franke, G. (2000), S. 278.
12 Vgl. Hartmann-Wendels, T. (2000), S. 425.
13 Vgl. Franke, G. (2000), S. 278.
14 Persönliche Information durch Lange, T. (22. November 2002).
15 Persönliche Information durch Lange, T. (22. November 2002).

ein Abbau der aufsichtsrechtlichen Barrieren, die in ihrer gegenwärtigen Form die Nutzung von Kreditderivaten massiv behindern, zu erreichen ist.[16]

## 7.2.1 Standardisierte Vertragsgestaltung

Wie oben bereits erwähnt, wurde mit der Einführung der 1997 erstmals veröffentlichten ISDA Credit Default Swap Definitions und deren Weiterentwicklung im Winter 1998/1999 ein erster Schritt zur Reduktion der Dokumentationsprobleme und rechtlichen Risiken und somit zur Erhöhung der Liquidität unternommen. Mit ihnen wurde eine allgemeingültige Grundlage für Kreditderivategeschäfte geschaffen, welche neben einheitlichen Definitionen noch die Flexibilität individueller Regelungen beinhaltet.[17]

Von der deutschen Kreditwirtschaft wurde analog zu den ISDA-Credit-Default-Swap-Definitionen ein Anhang des Deutschen Rahmenvertrags für Finanztermingeschäfte für Kreditderivate erarbeitet, der kompatibel zu seinem amerikanischen Pendant ist. Denn nur so wird eine auf den ISDA-Vertrag basierende Position, die mittels einer auf Basis des Deutschen Rahmenvertrags abgeschlossenen Transaktion gehedgt wird, auch aufsichtsrechtlich als geschlossen anerkannt.[18]

Zur weiteren Entwicklung des europäischen Marktes der Kreditderivate hin zu einem liquiden Markt ist es notwendig, die Verträge weiter zu standardisieren.[19] Dazu ist auch eine Erweiterung der Mustergeschäftsbedingungen für TRS und CSO durch die ISDA unabdingbar. Die Klärung der Definitionen und der anschließende Transfer in deutsche Rechtsnormen wird zu einem deutlichen Zuwachs des Geschäftsvolumens und somit zur Erhöhung der Liquidität und Transparenz führen.[20]

Diese Notwendigkeiten wurden von der ISDA bereits erkannt. So arbeitet sie momentan mit hoher Priorität an einer Standarddokumentation für Total Return Swaps. Es ist daher davon auszugehen, dass in absehbarer Zeit die mit diesem Produkt verbundenen Dokumentationsrisiken wegfallen werden. Damit entfällt auch die bisherige Unsicherheit, die Interessenten eher zum Abschluss eines Credit Default Swaps bewog.[21]

Darüber hinaus arbeitet die ISDA ebenfalls an einer Standarddokumentation für Credit Spread Options. Hierbei zeichnet sich schon jetzt ab, das für diese Produkte einzelne Bestandteile aus den ISDA Bond Option Definitions verwendet werden.[22]

Insgesamt bleibt festzuhalten, dass das andauernde Streben und die stetige Verfeinerung der Standardisierung im Bereich der Dokumentation von Kreditderivaten durch die ISDA

---

16  Vgl. Auerbach, D./Hashagen, J. (1998), S. 629.
17  Vgl. Landry, S./Radeke, O. (1999), S. 567.
18  Vgl. Dülfer, C. (2000), S. 131.
19  Vgl. Bräuer, N./Zwerenz, P. (01. Oktober 1998), S. 49.
20  Vgl. Dülfer, C. (2000), S. 131.
21  Vgl. Dülfer, C. (2000), S. 120.
22  Vgl. Landry, S./Radeke, O. (1999), S. 567.

die Vereinheitlichung der risikoübertragenden Mechanismen fördert und eine verstärkte Rechtssicherheit für alle beteiligten Parteien zur Folge hat.[23]

## 7.2.2 Einheitliche aufsichtsrechtliche Anerkennung

Eine weitere Notwendigkeit zum Abbau von Entwicklungsbarrieren bei Kreditderivaten besteht in der internationalen Regelung bankaufsichtlicher Vorschriften für alle Marktteilnehmer. Nur mit der Schaffung eines „level playing fields", also einer Reduzierung der derzeit noch bestehenden Wettbewerbsunterschiede auf den Kreditmärkten, wird ein transparenter und liquider Markt für Kreditderivate entstehen. Dieser wiederum ist Voraussetzung für den Wegfall von Refinanzierungsnachteilen bei Banken aufgrund unterschiedlicher nationaler regulatorischer Regelungen.[24]

Insbesondere in Deutschland wird die anstehende internationale Harmonisierung und Klärung der bankaufsichtlichen Fragen zur Behandlung von Kreditderivaten zu einem Wegfall eines wesentlichen Hemmnisses für die weitere Entwicklung des Marktes der Kreditderivate führen.[25]

Die Zuständigkeit für eine solche internationale Harmonisierung obliegt der Zuständigkeit des Basler Ausschusses für Bankenaufsicht (Basel Committee on Banking Supervision), der in Basel bei der Bank für internationalen Zahlungsausgleich (BIZ) angesiedelt ist. Dieser arbeitet momentan an einer grundlegenden Überarbeitung des Capital Accords[26], in dessen Rahmen die Behandlung der Kreditderivate geregelt werden soll.[27]

Dabei zeichnet sich in großen Bereichen bereits Übereinstimmung ab. Beispielsweise wird grundsätzlich zwischen Risikoübernahme und Risikoabsicherung durch ein Kreditinstitut zu unterscheiden sein. Allerdings besteht auch noch Diskussions- und Einigungsbedarf bei den Kriterien für die Zuordnung von Kreditderivaten zum Handelsbuch sowie bei den Problemen, die beim Risikotransfer auftreten können. Diese umfasst unter anderem die Laufzeitinkongruenz (Maturity Mismatch), die Unterschiede im Referenzaktivum (Asset Mismatch) und die Behandlung von „Multiple Names Credit Derivatives".[28]

Solange jedoch noch keine endgültige Stellungnahme zur bankaufsichtlichen Behandlung von Kreditderivaten durch den Basler Ausschuss erfolgt ist, behalten die vorläufigen Regelungen, die eine große Anzahl nationaler Aufsichtsbehörden getroffen hat, weiterhin ihre Gültigkeit.[29]

---

23  Vgl. Hüttemann, P. (2000), S. 323.
24  Vgl. Krumnow, J. (1999), S. 120-122.
25  Vgl. Hohl, S./Liebig, T. (1999), S. 522.
26  Mehr dazu in Kapitel 7.3.1.
27  Vgl. Hohl, S./Liebig, T. (1999), S. 522.
28  Vgl. Hohl, S./Liebig, T. (1999), S. 522.
29  Vgl. Burghof, H.-P./Henke, S. (2000), S. 475.

### 7.2.3 Umgehung der Problematik „Bankgeheimnis"

Grundsätzlich kann die Bankgeheimnis-Problematik mit vertraglichen Vereinbarungen umgangen werden, die den Kreditgeber und Risikoverkäufer von dessen Schweigepflicht ausdrücklich entbinden, wozu es einer schriftlichen Zustimmung des Kreditnehmers bedarf. Dabei handelt es sich allerdings um eine theoretisch mögliche Umgehung des Bankgeheimnisses, die in der Praxis aber sehr unwahrscheinlich erscheint. So würde eine solche Regelung schon alleine daran scheitern, dass der Risikoverkäufer aus Gründen der vertraulichen Kundenbeziehung nicht daran interessiert sein dürfte, den Kreditnehmer, seinen Kunden, über die Weiterveräußerung dessen Risikos zu informieren.[30]

Zum anderen hat der Kreditnehmer in der Regel kein Interesse daran, vertrauliche unternehmensinterne Informationen an einen Dritten weiterzugeben. Dazu sind diese Daten viel zu sensibel und die potenzielle Missbrauchsgefahr zu groß. Daher muss in der Praxis nach anderen Wegen gesucht werden, um diese Problematik zu umgehen.[31]

Eine erste Möglichkeit besteht darin, dass bei der Definition des Credit Events soweit wie möglich auf öffentlich verfügbare Informationen zurückgegriffen wird. Allerdings werden solche Informationen in der Regel nur bei börsenaktiven Unternehmen zu erlangen sein. Bei allen anderen bietet es sich an, lediglich solche Ereignisse zu vereinbaren, die publizitätspflichtig sind. Dies kann unter anderem eine eingetretene Insolvenzeröffnung oder die Liquidation des Unternehmens sein. Da solche Ereignisse allerdings oftmals erst in einem großen zeitlichen Abstand zu den ersten Zahlungsschwierigkeiten bekannt werden, die eine ordnungsmäßige Erfüllung der Zins- und Tilgungsverpflichtungen bereits beeinflussen können, ist diese Variante ebenfalls nicht ganz unproblematisch.[32]

Die vollkommen freie Vereinbarung und die damit verbundene vertragliche Regelung ist eine weitere Möglichkeit der Definition des Credit Events. Das Kreditereignis kann dabei völlig losgelöst vom Underlying gewählt werden, sollte lediglich in Bezug auf den jeweiligen Eintritt so stark wie möglich korreliert sein, damit das verbleibende Risiko minimiert wird. Beispielhaft sei hier als Referenzkreditnehmer ein Bauunternehmen mit Schwerpunkt im privaten Wohnungsbau angeführt. In diesem Fall wäre es denkbar, die auf eine bestimmte Höhe festgelegte Veränderung eines wirtschaftlichen Indikators (wie der von der Bundesbank in ihren Monatsberichten veröffentlichte Konjunkturindikator „Auftragseingang im Bauhauptgewerbe – Sparte Wohnungsbau") als Credit Event zu spezifizieren.[33]

Bei der Strukturierung und der Preisfeststellung ist zu beachten, dass sämtliche Informationen zu verschlüsseln und nur ebenfalls zur Verschwiegenheit verpflichtete Personen einzubeziehen sind. Dabei sollte es genügen, das Risikoaktivum (und etwaige Ausfall-

---

30  Persönliche Information durch Wiehagen, M. (22. November 2002).
31  Persönliche Information durch Wiehagen, M. (22. November 2002).
32  Vgl. Hüttemann, P. (1998), S. 73.
33  Vgl. Hüttemann, P. (1998), S. 73.

wahrscheinlichkeiten) allgemein zu beschreiben, sofern die Trennung zwischen Risiko und Aktivum besteht. Die Verwaltung relevanter Informationen sollte grundsätzlich vom Sicherungsnehmer selbst oder einem zur Verschwiegenheit verpflichteten Treuhänder (zum Beispiel Wirtschaftsprüfungsgesellschaften) übernommen werden.[34]

## 7.3 Erhöhung der Transparenz

Die umfassenden Auswirkungen von Basel[35] II sowie eine einheitliche Preisermittlung werden deutlich zu einer Erhöhung der Transparenz und damit zur erhöhten Liquidität des Marktes der Kreditderivate beitragen.

### 7.3.1 Basel II

Basel II steht als Kurzform für die neue Basler Eigenkapitalvereinbarung, die auch als der neue Basler Akkord (The New Basel Capital Accord) bezeichnet wird. Dabei handelt es sich um die Weiterentwicklung der derzeit geltenden Basler Eigenkapitalvereinbarung aus dem Jahre 1988, die heute unter dem Stichwort Basel I bekannt ist. Dies wurde notwendig, um den Anspruch einer zeitgemäßen, risikogerechten Ausgestaltung bankaufsichtlicher Regelungen gerecht zu werden.[36]

#### 7.3.1.1 Allgemeines

Nachdem bereits im Jahre 1999 ein erstes Konsultationspapier für einen neuen Basler Akkord veröffentlicht wurde, fanden daraufhin Diskussionen insbesondere mit den Vertretern der Kreditwirtschaft über neue Regelungen zu einer angemessenen Eigenkapitalausstattung der Banken statt. Diese Ergebnisse führten dann zu einem zweiten Konsultationspapier, welches im Januar 2001 veröffentlicht wurde.[37] Den letzten Stand der Diskussionen stellt das Dritte und voraussichtlich letzte Konsultationspapier von April 2003 dar. Dieses beinhaltet einige neue Beschlüsse zur Überarbeitung der geplanten Eigenkapitalregelungen gefasst, von denen insbesondere mittelständische Unternehmen profitieren. Beispiel-

---

34  Vgl. Nordhues, H.-G./Benzler, M. (2000), S. 194.
35  „Basel" bezeichnet den Ausschuss für internationale Bankenaufsicht, einen Ausschuss der Zentralbanken und Bankenaufsichtsbehörden der wichtigsten Industrieländer, der bei der BIZ in Basel angesiedelt ist. Die Mitglieder sind hochrangige Vertreter der Bankenaufsicht von den USA, Japan, dem Vereinigten Königreich, Deutschland, der Schweiz, Frankreich, Italien, Kanada, Schweden, Belgien, Luxemburg und den Niederlanden.
Vgl. Bundesverband der Deutschen Volksbanken und Raiffeisenbanken e. V. (BVR) (Hrsg.) (2002), S. 8.
36  Vgl. Entrop, O./Völker, J./Wilkens, M. (2001), S. 187.
37  Vgl. Bundesverband der Deutschen Volksbanken und Raiffeisenbanken e. V. (BVR) (2001) (Hrsg.) (2002), S. 7-8.

haft sei hier die Regelung genannt, dass Unternehmen mit einem gesamten Kreditengagement von weniger als einer Million Euro künftig wie Privatkundenkredite behandelt werden sollen.[38]

Damit die vorgesehene Einführung von Basel II für Ende des Jahres 2006 erfolgreich durchgeführt werden kann, müssen die endgültigen Regelungen bis Ende 2003 verabschiedet werden. Nur so verbleibt ausreichend Zeit bis zur erstmaligen Anwendung, um die zur künftigen Berechnung der Eigenkapitalunterlegung notwendigen Daten und Zeitreihen zu sammeln.[39]

Grundsätzlich bleibt anzumerken, dass dieses Abkommen kein verbindliches europäisches Recht darstellt, das automatisch auf deutsche Banken anzuwenden wäre. Rechtlich bindend wäre das Abkommen erst dann, wenn es innerhalb der Europäischen Union in Form einer Richtlinie oder einer Verordnung umgesetzt werden würde. Aus diesem Grund erarbeitet die EU-Kommission eine Direktive, die dann für alle Mitgliedstaaten gelten soll.[40]

Der inhaltliche Aufbau von Basel II stützt sich auf drei sich gegenseitig verstärkende Säulen, die zusammen zu einem sicheren und soliden Finanzsystem beitragen sollen.[41]

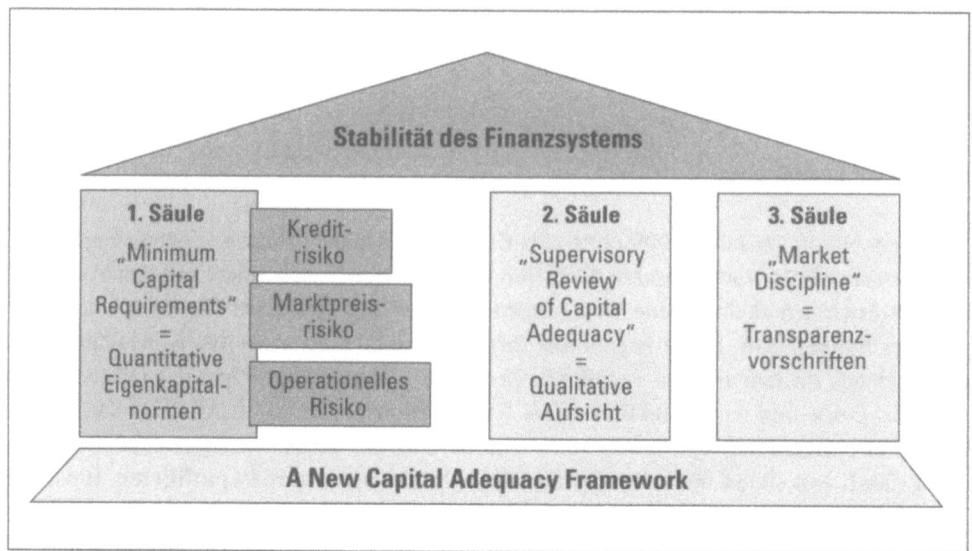

*Abbildung 15: Der Aufbau von Basel II*
Quelle: http://www.systor.com/core_special_basel2.htm, 08. November 2002.

---

38  Vgl. Klingen, E. (2002), S. 28.
39  Vgl. Deutsche Bundesbank (Hrsg.) (25. November 2002).
40  Vgl. o. V. (01. November 2001), S. 34.
41  Vgl. Bundesverband der Deutschen Volksbanken und Raiffeisenbanken e. V. (BVR) (Hrsg.) (2002), S. 14.

Die erste Säule behandelt die Mindesteigenkapitalanforderungen (Minimum Capital Requirements), die zweite Säule das Verfahren zur Überprüfung durch die Aufsichtsbehörden (Supervisory Review of Capital Adequacy) und die dritte beschäftigt sich mit Publizitätsanforderungen (Market Discipline).[42]

## 7.3.1.2 Mindesteigenkapitalanforderungen

In der ersten Säule werden die Eigenkapitalanforderungen für Kreditrisiken und für weitere Risiken festgelegt. Künftig sollen die Kreditinstitute dabei neben den Risikoarten Kreditrisiko und Marktrisiko nunmehr auch das operationelle Risiko, also die potenziellen Verluste, die aufgrund von menschlichem oder technischem Versagen entstehen, mit Eigenkapital unterlegen.[43]

Der zentrale Gedanke von Basel II im Rahmen der Mindesteigenkapitalanforderungen ist der Zwang zur Quantifizierung der Risiken statt pauschalierter Abschätzungen. So wird bei der Unterlegung von Kreditrisiken mit Eigenkapital aufsichtsrechtlich nicht mehr unabhängig von der Bonität des Kreditnehmers pauschal acht Prozent des Kreditbetrages gefordert. Vielmehr dient die individuelle Bonität des jeweiligen Kreditnehmers als Maßstab für eine abgestufte Unterlegung, damit die Höhe des einzusetzenden Eigenkapitals künftig proportional zu dem Risiko ist, das die Bank für jedes einzelne Kreditengagement eingeht.[44]

Dies führt letztendlich dazu, dass die bisher gelebte Quersubventionierung schlechter Kreditnehmer durch gute Kreditnehmer beendet wird. Künftig gilt: je höher (niedriger) das Risiko eines Krediltes ist, desto mehr (weniger) Eigenkapital wird gebunden und desto teurer (günstiger) wird er.[45] Da Kredite also auch günstiger werden können, als sie es bisher sind, erweist sich auch das weit verbreitete Vorurteil, dass die Anforderungen von Basel II in jedem Fall zu höheren Kreditkosten für Unternehmen mittlerer Größe führen werden, als falsch. Richtig ist vielmehr, dass nicht die Größe, sondern die Bonität und die Bereitschaft, Transparenz über die wirtschaftliche Situation des Unternehmens herzustellen, entscheidend sein werden.[46]

Allerdings ist davon auszugehen, dass die Kundenkonditionen künftig deutlicher gespreizt und im Durchschnitt auch höher sein werden als heute üblich. Dies liegt daran, dass die Beendigung der Quersubventionierung eher betriebswirtschaftlich und weniger aufsichtsrechtlich getrieben ist, denn die Margen im Kreditgeschäft reichen heute nicht mehr aus, um die Kreditrisiken der Banken abzudecken.[47]

Des weiteren betreffen die Neuerungen von Basel II die Messverfahren für das Kreditrisiko und das operationelle Risiko, während die Messverfahren für das Marktrisiko und die Defi-

---

42 Vgl. Entrop, O./Völker, J./Wilkens, M. (2001), S. 187.
43 Vgl. Deutsche Bundesbank (Hrsg.) (25. November 2002).
44 Vgl. Presber, M. (25. September 2002), S. B5.
45 Vgl. Presber, M. (25. September 2002), S. B5.
46 Vgl. Sengera, J. (2002), S. 241.
47 Persönliche Information durch Lange, T. (22. November 2002).

nition des regulatorischen Eigenkapitals erhalten bleiben. Für die Bemessung des Kreditrisikos werden zwei grundlegende Möglichkeiten vorgeschlagen: einen Standardansatz auf der Grundlage externer Ratings und einen Ansatz auf der Basis interner Ratings (IRB-Ansatz).[48]

### 7.3.1.2.1 Externes Rating

Künftig kann ein Kreditinstitut die Berechnung des Eigenkapitals mittels des modifizierten Standardansatzes durchführen. Bei dieser Methode wird das Risikogewicht des Kreditnehmers durch die Heranziehung von externen Ratings ermittelt. Dabei wird die Bonität des Kreditnehmers durch eine unabhängige Ratingagentur überprüft, welche diesen dann in eine bestimmte Risikoklasse einordnet. Für die verschiedenen Risikoklassen legt die Bankenaufsicht ihrerseits die Eigenkapitalerfordernisse fest.[49]

| Bonitätsbeurteilung des Staates | | AAA bis AA− | A+ bis A− | BBB+ bis BBB− | BB+ bis B− | unter B- | nicht beurteilt |
|---|---|---|---|---|---|---|---|
| ECA-Länderkennziffer | | 1 | 2 | 3 | 4 bis 6 | 7 | |
| Staaten | | 0 % | 20 % | 50 % | 100 % | 150 % | 100 % |
| Bonitätsbeurteilung | | AAA bis AA− | A+ bis A− | BBB+ bis BBB− | BB++ bis B− | unter B- | nicht beurteilt |
| Banken | Option 1: Bonität des Staates | 20 % | 50 % | 100 % | 100 % | 150 % | 150 % |
| | Option 2: Bonität der Bank | 20 % | 50 % | 50 % | 100 % | 150 % | 50 % |
| | Option 2 bei kurzfristigen Forderungen | 20 % | 20 % | 20 % | 50 % | 150 % | 20 % |
| Bonitätsbeurteilung des Unternehmens | | AAA bis AA− | A+ bis A− | BBB+ bis BB− | | unter B− | nicht beurteilt |
| Unternehmen | | 20 % | 50 % | 100 % | | 150 % | >= 100 % |

*Abbildung 16: Risikogewichte für Staaten, Banken und Unternehmen im Standardansatz*
Quelle: Eigene Darstellung in Anlehnung an Entrop, O./Völker, J./Wilkens, M. (2001), S. 38.

Mit dieser Einteilung der Risikoklassen und der damit verbundenen jeweiligen Eigenkapitalunterlegung ergeben sich einige Änderungen gegenüber der bisherigen Struktur des Risikomanagements. So werden zum einen die neuen Konversionsfaktoren eher den Transfer von schlechten Risiken, die kein Investment Grade aufweisen, bedingen, da solche Risiken künftig einen Konversionsfaktor von 100 Prozent und mehr aufweisen.[50]

Zum anderen führen die Neuerungen dazu, dass zukünftig auch die Ratings der Risiko übernehmenden Unternehmen (Kontrahentenrisiken) berücksichtigt werden, so dass ein

---

48 Vgl. Entrop, O./Völker, J./Wilkens, M. (2001), S. 187.
49 Vgl. Deutsche Bundesbank (Hrsg.) (25. November 2002).
50 Vgl. Grieger, D. M. F./Remy, U. E. (20. Juni 2000), S. 33.

Risikoträger mit einer sehr guten Qualität (einem S&P-Rating von AA oder AAA) eine maximal mögliche Entlastung des Kapitals bewirkt. Unternehmen, die sich ihrer hohen Bonität bewusst sind, werden dementsprechend gesondert entschädigt werden müssen.[51]

Grundsätzlich brauchen Unternehmen, die rein über Bankkredite finanziert sind, auch zukünftig kein externes Rating. Deren Adressat sind vornehmlich die Unternehmen, die bereits am Kapitalmarkt aktiv sind oder sich mit dem Gedanken tragen, aktiv werden zu wollen. Denn die Teilnahme an diesem internationalen Finanzmarkt ist in der Regel nur mit der Publizitätswirkung eines Ratings und seiner Bedeutung als Beurteilungskriterium für Investoren möglich.[52]

Aufgrund der Trends der letzten Jahre wie der zunehmenden Disintermediation wird allerdings mit einem signifikanten Anstieg der Zahl mittlerer Unternehmen, die durch ein externes Rating Zugang zum Kapitalmarkt erlangen wollen, gerechnet. Nicht ohne Grund bauen die weltweit führenden Ratingagenturen ihre Aktivitäten in Deutschland aus.[53]

### 7.3.1.2.2 Internes Rating

Die andere Möglichkeit der zukünftigen Bestimmung der Höhe des notwendigen Eigenkapitals erfolgt durch einen Ansatz auf der Basis interner Ratings. Dies ist ein Verfahren, das beispielsweise bei den Genossenschaftsbanken schon seit Jahren als Unterstützung bei der Kreditentscheidung und -überwachung eingesetzt wird. Dabei ermittelt das Kreditinstitut entsprechend der Bonität des Kreditnehmers bestimmte Kennziffern, anhand derer dann das für den Kredit vorzuhaltende Eigenkapital errechnet wird. Die Berechnungsmethode unterscheidet sich dabei grundsätzlich nicht zwischen den verschiedenen Arten von Kreditnehmern.[54]

Die Herausforderung im Rahmen von Basel II liegt darin, dass verschiedene Finanzprodukte wie Immobilienkredite und Leveraged Finance-Transaktionen unter einer einheitlichen Systematik erfasst werden müssen. So macht dies auch eine Ausweitung der internen Ratings auf alle Spezialfinanzierungen (beispielsweise ABS) erforderlich. Nur so wird gewährleistet, dass ein bestimmtes Rating über die Produktpalette hinweg die gleiche Kreditwürdigkeit ausdrückt.[55]

Wie der Begriff „intern" schon vermuten lässt, verwenden die einzelnen Institute beziehungsweise Institutsgruppen unterschiedliche Ratingsysteme, die sich vom gedanklichen Ansatz und inhaltlichen Aufbau her ähnlich sind. Bei der jeweiligen Ausgestaltung des internen Ratings muss besonders darauf geachtet werden, dass ein Dritter (zum Beispiel ein Wirtschaftsprüfer) auf Basis gleicher Informationen auch auf ein identisches internes

51  Vgl. Grieger, D. M. F./Remy, U. E. (20. Juni 2000), S. 33.
52  Vgl. Bundesverband der Deutschen Volksbanken und Raiffeisenbanken e. V. (BVR) (Hrsg.) (2002), S. 24.
53  Vgl. Sengera, J. (2002), S. 240.
54  Vgl. Bundesverband der Deutschen Volksbanken und Raiffeisenbanken e. V. (BVR) (Hrsg.) (2002), S. 11-12.
55  Vgl. Sengera, J. (2002), S. 241.

Rating schließt. Nur so werden Ratings – wie es in der Sprache von Basel II heißt – „intersubjektiv vergleichbar".[56]

Allerdings können sich bereits marginale Unterschiede zwischen den unterschiedlichen Ausprägungen der Institute, wie die Anzahl der verwendeten Risikoklassen, auf das einzelne Kreditengagement auswirken. Befindet sich in diesem Beispiel der Kreditnehmer in den Randzonen einer Ratingklasse, kann dies bei einer anderen Anzahl an Ratingklassen beim Wettbewerber schon zu einer andere Zuordnung und somit zu anderen Risiko- oder Eigenkapitalkosten führen.[57]

Aus diesem Grund ist es wichtig, eine große Anzahl an Ratingklassen in einem Ratingsystem zu haben, damit eine möglichst zutreffende Eingruppierung der Kreditnehmer gewährleistet ist. Dies ist beim neuen Ratingverfahren des genossenschaftlichen Finanzverbundes, dem sogenannten BVR-II-Rating, der Fall.[58]

| Ratingklasse | Bezeichnung | Ausfallrate |
|---|---|---|
| 1a-1e | Staatsrisiken | 0,01-0,05 % |
| 2a | gute Bonität | 0,07 % |
| 2b | gute Bonität | 0,10 % |
| 2c | gute Bonität | 0,15 % |
| 2d | gute Bonität | 0,23 % |
| 2e | gute Bonität | 0,35 % |
| 3a | befriedigende Bonität | 0,50 % |
| 3b | befriedigende Bonität | 0,75 % |
| 3c | befriedigende Bonität | 1,10 % |
| 3d | befriedigende Bonität | 1,70 % |
| 3e | befriedigende Bonität | 2,60 % |
| 4a | ausreichende Bonität | 4,00 % |
| 4b | ausreichende Bonität | 6,00 % |
| 4c | ausreichende Bonität | 9,00 % |
| 4d | ausreichende Bonität | 13,50 % |
| 4e | ausreichende Bonität | 20,00 % |
| 5a-5e | Ausfallklassen | 100,00 % |

*Abbildung 17: Bewertungsskala BVR-II-Rating*
Quelle: Bundesverband der Deutschen Volksbanken und Raiffeisenbanken e. V. (BVR) (2002), S. 45.

---

56  Vgl. Sengera, J. (2002), S. 241.
57  Vgl. Bundesverband der Deutschen Volksbanken und Raiffeisenbanken e. V. (BVR) (Hrsg.) (2002), S. 34-35.
58  Vgl. Bundesverband der Deutschen Volksbanken und Raiffeisenbanken e. V. (BVR) (Hrsg.) (2002), S. 35.

Hierbei sei darauf hingewiesen, dass aus psychologischen Gründen eine Änderung der Ratingklassenbezeichnungen (1a bis 5e) vorgenommen wurde. Dies ist darin begründet, dass ein sehr guter Kunde einer Volks- und Raiffeisenbank schon immer in 1a eingruppiert wurde. Nach oben genannter Systematik könnte er diese Klasse aber nun nicht mehr erreichen. Daher beginnt die Ratingklassenbezeichnung künftig bei 0a und endet bei 4e, wodurch die „alte" Eingruppierung (1a) eines sehr guten Kunden erhalten bleibt.

Das BVR-II-Rating wurde dabei nicht als Frühwarnsystem zur Erkennung zukünftiger Verschlechterungen der Kreditnehmerbonität, sondern hauptsächlich aufgrund von Anforderungen im Zusammenhang mit den neuen Eigenkapitalvorschriften für Banken aus Basel II konzipiert. Mit ihm soll durch die Einbeziehung von Faktoren aus verschiedenen Leistungsbereichen des zu untersuchenden Unternehmens eine Darstellung der aktuellen Bonität des Kreditnehmers erfolgen.[59]

Seinen Ursprung findet das BVR-II-Rating in dem Projekt „VR-Control", das aus dem Strategiepapier „Bündelung der Kräfte: ein Verbund – eine Strategie" des genossenschaftlichen Verbundes hervorgegangen ist. VR-Control steht für eine moderne Konzeption der Gesamtbanksteuerung und basiert inhaltlich auf zwei Schwerpunkten. Dies ist zum einen die effiziente Gestaltung der Ertragssituation der Bank und zum anderen die bewusste Steuerung der Risiken, in dessen Bereich das Rating ein Bestandteil der Adressrisikosteuerung ist.[60]

Gerade für Volks- und Raiffeisenbanken, wie übrigens auch für Sparkassen, ist die zielgerichtete Weiterentwicklung der Instrumentarien zur Steuerung von Adressrisiken von besonderer Bedeutung. Schließlich sind sie traditionell gerade in dem Geschäftsfeld besonders aktiv, das am stärksten von Kreditausfällen betroffen ist, nämlich im mittelständischen Firmenkundengeschäft.[61]

Insgesamt bleibt es allerdings weiterhin fraglich, ob interne Ratings aufgrund der Gefahr der Subjektivität bei anderen Instituten beziehungsweise Marktteilnehmern die notwendige Anerkennung finden. Dies ist jedoch für einen liquiden Handel in Kreditderivaten unumgänglich.[62] Besonders international ist die Anwendbarkeit von internen Ratings beim Handel mit diesen Finanzinnovationen gleich Null. Am globalen Markt zählen nahezu ausschließlich Ratings der drei weltweit führenden, unabhängigen Ratingagenturen Standard & Poor's, Moody's und FitchIBCA. Eine diesbezügliche Trendwende ist momentan nicht erkennbar und gilt auch als nicht sehr wahrscheinlich.[63] Innerhalb eines nationalen Bankenverbundes wie im Sparkassen- oder Genossenschaftsbankensektor erscheint jedoch ein Handel von Kreditrisiken auf Basis des im Sektor einheitlichen internen Ratings durchaus möglich.

---

59  Vgl. Bundesverband der Deutschen Volksbanken und Raiffeisenbanken e. V. (BVR) (Hrsg.) (2002), S. 39.
60  Vgl. Erxleben, S./Krob, B. (2002), S. 28.
61  Vgl. Jansen, S./Kirmße, S. (2001), S. 67.
62  Persönliche Information durch Titsch-Rivero, A. (13. November 2002).
63  Persönliche Information durch Wilhelm, H. (13. November 2002).

### 7.3.1.2.3 Risikominderung

Ferner sieht Basel II Regelungen vor, wie Kreditrisikominderungen (Credit Risk Migration) durch Sicherheiten, Garantien, Kreditderivate und Netting-Vereinbarungen zu behandeln sind.[64]

Dabei greift der Ausschuss zwar teilweise auf Konzepte des alten Basler Akkords, wie zum Beispiel den Substitutionsansatz, zurück, kritisiert aber auf der anderen Seite sowohl die Gewichtungsfaktoren für Kreditrisikopositionen als auch die Behandlung von Maßnahmen des Kreditrisikomanagements zur Risikosteuerung. Auf Letztgenannten beruht auch die in den vorhergehenden Abschnitten dargestellte und kritisierte Behandlung von Kreditderivaten nach dem Rundschreiben der BaFin. Hauptkritikpunkt ist, dass mit den alten Vorgaben nicht immer die richtigen Anreize für den Einsatz moderner Instrumente zur Steuerung des Kreditrisikos und insbesondere von Kreditderivaten gesetzt wurden. Ziel des neuen Akkords muss es daher sein, entsprechende Techniken zur Risikominderung zu berücksichtigen.[65]

Im Vergleich zu seinem Vorgänger geht Basel II bei den neuen Mindesteigenkapitalanforderungen differenzierter, das heißt (rest-) risikogerechter vor und stellt die ökonomische Wirkung des risikomindernden Kontraktes in den Vordergrund. Dabei ist die Anerkennung des risikomindernden Effektes jeweils an umfangreiche operationale Mindestanforderungen und Offenlegungspflichten geknüpft.[66] Dies liegt unter anderem darin begründet, dass der Gebrauch von Minderungstechniken das Kreditrisiko zwar reduziert oder überträgt, dafür jedoch andere Risiken für die Bank entstehen, wie rechtliche, operationelle, Liquiditäts- oder Marktpreisrisiken. Die Anwendung von robusten Verfahren und Prozessen ist für Kreditinstitute daher zur Risikoüberwachung und -steuerung unabdingbar. Damit sind nicht nur Systeme, Regeln, Verfahren, Bewertung, Strategie und die Betrachtung des zugrunde liegenden Kredites gemeint, sondern ebenfalls die Überwachung der Roll Off-Risiken und die Steuerung des Konzentrationsrisikos, das der Bank beim Gebrauch von Kreditrisikominderungstechniken im Zusammenspiel mit dem gesamten Kreditrisikoprofil entsteht.[67]

Der Baseler Ausschuss für Bankenaufsicht hat allerdings nach Meinung von Marktteilnehmern bisher nicht ausreichend zur bankaufsichtlichen Behandlung von Kreditderivaten Stellung genommen. Während beispielsweise Credit Default Swaps und Total Return Swaps nur unter gewissen Voraussetzungen anerkannt werden, fehlt anderen Arten von Kreditderivaten noch jegliche Anerkennung[68]. Die bisherigen Vorschläge stellen also keineswegs den erhofften Durchbruch zu einer portfolioorientierten aufsichtlichen Behandlung von Kreditderivaten dar.[69]

---

64  Vgl. Entrop, O./Völker, J./Wilkens, M. (2001), S. 189.
65  Vgl. Burghof, H.-P./Henke, S. (2000), S. 494.
66  Vgl. Entrop, O./Völker, J./Wilkens, M. (2001), S. 189.
67  Vgl. Baseler Ausschuss für Bankenaufsicht (2003), S. 21
68 Vgl. Baseler Ausschuss für Bankenaufsicht (2003), S. 40
69  Vgl. Burghof, H.-P./Henke, S. (2000), S. 497.

Es bleibt jedoch abzuwarten, ob sich in den endgültigen Regelungen die lange erwarteten umfassenden Regelungen finden werden. Dafür spricht die Tatsache, dass die internationalen Banken, die in den Diskussionsprozess von Basel II integriert sind, ein Eigeninteresse für eine international einheitliche Regelung haben. Schließlich erhoffen sie sich durch Geschäfte mit Kreditderivaten zusätzliche Erträge.[70]

### 7.3.1.3 Bankaufsichtliches Überprüfungsverfahren

Das in der zweiten Säule geregelte bankaufsichtliche Überprüfungsverfahren stellt mit seinen qualitativen Anforderungen ebenfalls eine Neuerung im Bankenaufsichtsrecht dar. Dabei sollen die nationalen Bankenaufsichtsbehörden die Fähigkeit der Bank bewerten, ihre eingegangenen Risiken zu identifizieren, zu messen, zu steuern und zu überwachen.[71] Auch soll die Bankenaufsicht in die Lage versetzt werden, auf der Grundlage einer Gesamtbankbeurteilung Maßnahmen zu ergreifen, die von einer verstärkten Überwachung des Instituts bis hin zur Anordnung einer Eigenkapitalunterlegung von mehr als acht Prozent reichen können.[72] Diese Maßnahmen werden die Banken zusätzlich motivieren, ihre internen Verfahren zur Beurteilung der institutsspezifischen Risikosituation sowie einer angemessenen Kapitalausstattung kontinuierlich zu verbessern. Gleiches gilt für die ständige Anpassung und Weiterentwicklung neuerer Methoden des Risikomanagements und der internen Kontrollen.[73]

Ziel des bankaufsichtlichen Überprüfungsverfahrens ist es, externe Faktoren wie etwa den Einfluss der Konjunkturentwicklung abzudecken und solche Risikobereiche zu berücksichtigen, die in der ersten Säule nicht beziehungsweise nicht vollständig berücksichtigt wurden. Beispielhaft seien hier die Zinsänderungsrisiken im Anlagebuch und die Unsicherheiten bei der Bemessung operationeller Risiken genannt.[74]

Gerade im Hinblick auf die Harmonisierung der nationalen Aufsichtpraktiken stellt der Supervisory Review Process für die Bankenaufsicht in Deutschland eine große Herausforderung dar, damit vergleichbare Wettbewerbsbedingungen für die Banken verschiedener Länder bestehen. Aufgrund der bisher restriktiven Haltung der BaFin werden besonders deutsche Teilnehmer am Kreditderivatemarkt von den neuen Regelungen profitieren.

### 7.3.1.4 Mehr Marktdisziplin

Die dritte Säule von Basel II hat die Stärkung der Marktdisziplin zum Ziel. Dies soll durch zum Teil sehr weitgehende Empfehlungen beziehungsweise Vorschriften zur Offenlegung von Angaben zur Eigenkapital- und Risikolage der Bank im Rahmen der externen Rechnungslegung (zum Beispiel Jahresabschlüsse, Quartalsberichte oder Lageberichte) ge-

---

70  Persönliche Information durch: Wellmann, H. (11. November 2002).
71  Vgl. Deutsche Bundesbank (Hrsg.) (25. November 2002).
72  Vgl. Bundesverband der Deutschen Volksbanken und Raiffeisenbanken e. V. (BVR) (Hrsg.) (2002), S. 13.
73  Vgl. Loch, F./Thelen-Pischke, H. (2001), S. 738.
74  Vgl. Bundesverband der Deutschen Volksbanken und Raiffeisenbanken e. V. (BVR) (Hrsg.) (2002), S. 13.

schehen.[75] Durch die Offenlegungsanforderungen soll sichergestellt werden, dass die Marktteilnehmer einen besseren Einblick in das Risikoprofil und die Angemessenheit der Eigenkapitalausstattung einer Bank gewinnen.[76]

## 7.3.2   Einheitliche Preisermittlung

Um Kreditrisiken einmal in Form standardisierter Finanzinstrumente handeln zu können, ist es ferner notwendig, dass die Marktteilnehmer einheitliche Maßstäbe bei der Preisermittlung von Kreditderivaten verwenden.[77] Dazu ist allerdings Voraussetzung, dass auch ein Modell zur Preisfindung für nicht am Kapitalmarkt aktive Schuldner existiert, um den Kreis potenzieller Underlyings zu erweitern. Insbesondere Genossenschaftsbanken, Sparkassen, Regionalbanken oder auch Firmen würden davon profitieren, da deren Kreditportfolio häufig solche Kreditnehmer beinhaltet und nur eine geringe Diversifikation in bezug auf Regional- oder Branchenrisiken aufweist.[78]

Mit der Lösung der Bewertungsprobleme durch die Entwicklung einer neuen Generation von Modellen ist erst bis zum Jahr 2006 zu rechen, da die Umsetzung der neuen Vorschriften voraussichtlich erst dann ansteht. Das Vertrauen auf die Marktkräfte erscheint gerechtfertigt, denn auch bei der Entwicklung des Zinsderivatemarktes haben dessen Teilnehmer im Zeitablauf vielfältige Produkte und exakte Bewertungsmodelle entwickelt.[79]

Ein neues Modell, dass den am Markt tatsächlich zustande kommenden Preis möglichst exakt zu berechnen versucht, sollte eine Verbindung aus theoretischen Modellelementen mit einer Orientierung an relevanten Marktdaten sein. Ein solches kombiniertes Modell ist besser für die Preisermittlung von Kreditderivaten geeignet, als der reine Marktansatz oder eines der theoretischen Modelle, da es versucht, die geeignetsten Elemente beider Richtungen gemeinsam zu verwenden.[80]

Dieses Modell muss allerdings auch bestimmte Kriterien beziehungsweise Eigenschaften erfüllen. Dies ist neben der Berücksichtigung von Korrelationen betrachteter Kreditrisiken zum Markt beziehungsweise zu einem bestehenden Portfolio auch die Berücksichtigung von Präferenzen einzelner Marktteilnehmer bezüglich bestimmter Risikopositionen. Von besonderer Bedeutung ist ebenfalls die Möglichkeit der Einbindung von Daten aus dem Kapitalmarkt und die Berücksichtigung der Liquidität verschiedener als Underlyings definierter Finanztitel. Selbst die Ableitung wichtiger Elemente aus einem geeigneten theoretischen Modell sowie die Möglichkeit der Berechnung von Ausfallwahrscheinlichkeiten und Recovery Rates (Rückgewinnungsanteile) sollte erfüllt werden können. Die Recovery Rate drückt eine bestimmte Quote am Restwert des Kreditnehmervermögens aus, die

---

75  Vgl. Entrop, O./Völker, J./Wilkens, M. (2001), S. 192.
76  Vgl. Deutsche Bundesbank (Hrsg.) (25. November 2002).
77  Vgl. Pechtl, A. (1998), S. 30-32.
78  Vgl. Dülfer, C. (2000), S. 133.
79  Vgl. Dülfer, C. (2000), S. 133.
80  Persönliche Information durch Wellmann, H. (11. November 2002).

der Kreditgeber noch erwarten kann. Schließlich sollte das Modell auch für verschiedene Kreditderivate anwendbar und bei einer Verbesserung der Input-Daten-Qualität ausbaufähig sein.[81] Gerade die Ermittlung des kombinierten Ausfallrisikos, der Korrelationen sowie der Ausfallwahrscheinlichkeiten und Recovery Rates erweisen sich dabei allerdings als nicht ganz unproblematisch.[82]

Allgemein gilt: Kreditderivate werden bei allen Kreditinstituten zu einem festen und unverzichtbaren Bestandteil des Kreditrisikomanagements werden, sofern sich, ähnlich den Verfahren zur Messung der Marktrisiken, geeignete und standardisierte Modelle zur Bewertung des Kreditrisikos durchgesetzt haben.[83]

# 7.4 Bildung eines Portfolios

Eine weitere Möglichkeit zur Erhöhung Fungibilität des Marktes der Kreditderivate ist der Transfer von Kreditrisiken mittels Derivatstrukturen, die nicht mehr nur auf einzelne Geschäfte bezogen sind, sondern vielmehr auf das ganze oder Teile von Kreditportfolios erfolgen. Dabei dienen sowohl Baskets, Indizes als auch synthetische Verbriefungen einerseits der Risikolimitierung, andererseits können dadurch Strategien zur Diversifizierung des Kreditportfolios konkretisiert werden. Die Diversifikation vollzieht sich dabei über unterschiedliche Kreditnehmergruppen.[84]

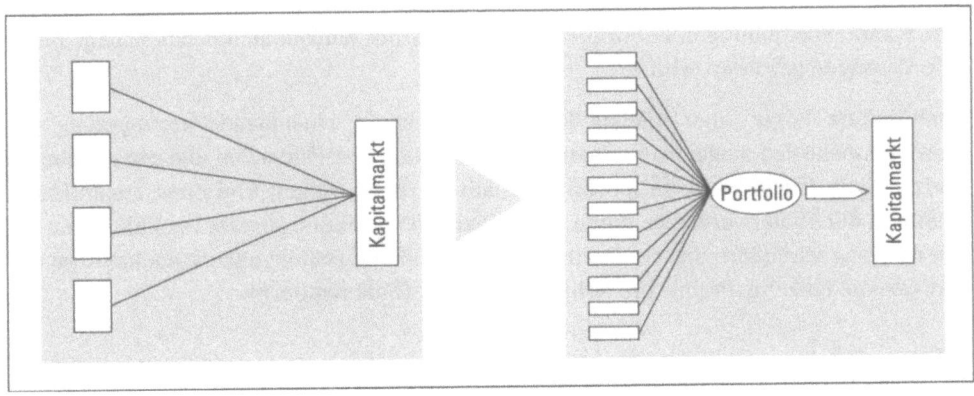

*Abbildung 18: Der Wandel von Einzeltransaktionen hin zu Portfoliotransaktionen*
Quelle: Eigene Darstellung in Anlehnung an: Bolder, M./Doswald, H. (2002), S. 30.

81  Vgl. Hüttemann, P. (1999), S. 121-122.
82  Vgl. Hüttemann, P. (1999), S. 143-144.
83  Vgl. Becker, A./Wolf, M. (1999), S. 595.
84  Vgl. Schierenbeck, H. (2001), S. 331-332.

Diese Instrumente ermöglichen eine Absicherung des systematischen Kreditrisikos in Isolation vom unsystematischen Kreditrisiko aus Krediten an kleine und mittelständische Unternehmen. Der separierte Handel des systematischen Kreditrisikos besitzt hierbei den Vorteil geringer Informationsasymmetrien. Für den Risikokäufer besteht somit eine deutlich verminderte Gefahr, sich aufgrund des Informationsvorsprungs des Risikoverkäufers vorwiegend schlechte Risiken einzuhandeln.[85]

## 7.4.1 Bildung von Baskets

Ein erstes Lösungskonzept zur Begrenzung von Portfoliorisiken basiert auf der Bündelung von mehreren Krediten (Pool, Basket), welche dann den Grundbaustein sowohl für die Verbriefung als auch für die Gestaltung von Kreditderivaten darstellen können.[86]

Als Beispiel für ein Basket-Konstrukt sei hier der am häufigsten verwendete Basket Credit Default Swap genannt. Dabei handelt es sich um einen Credit Default Swap, der sich auf mehrere Referenzaktiva von verschiedenen Schuldnern bezieht. Die Auszahlung eines Basket Credit Default Swaps erfolgt dabei entweder als First-to-Default-Struktur oder als Green-Bottle-Struktur. Während bei der First-to-Default-Struktur die Auszahlung vom ersten Ausfall eines im Basket enthaltenen Kredits abhängig ist, wird die Auszahlung der Green-Bottle-Struktur proportional an das Kreditrisiko aller im Basket enthaltenen Kredite geknüpft.[87]

Die Bildung eines solchen Portfolios kann dabei zum Abbau der Hemmnisse bei der Veräußerung von Kreditrisiken dienen, da es zum Beispiel durch entsprechende regulatorische Rahmenbedingungen in Form von Minderung der bankaufsichtlichen Eigenkapitalanforderungen gefördert wird.[88]

Eine weitere Folge einer solchen Konstruktion ist die entstehende Verringerung von Transaktionskosten gegenüber einem Abschluss von Derivaten auf die entsprechende Vielzahl von Einzeltiteln. Es profitieren dadurch beide Seiten von einer Poolbildung. Während der Risikoverkäufer durch eine einzige Transaktion diverse Ausfallrisiken auf einen Schlag veräußern und somit eine insgesamt höhere Prämie generieren kann, verringert sich die einzelne Prämie pro Schuldner für den Risikokäufer.[89]

## 7.4.2 Bildung von Indizes

Die Bildung von Kreditderivaten auf Basis von Indizes etwa aus mittelständischen Krediten unterschiedlicher Branchen und Regionen dient als zweites Lösungskonzept zur Be-

---

85  Vgl. Zmarsly, S. (2001), S. 148.
86  Vgl. Elsas, R./Ewert, R./Krahnen, J. P./Rudolph, B./Weber, M. (1999), S. 198.
87  Vgl. Schierenbeck, H. (2001), S. 332.
88  Vgl. Posthaus, A. (2000), S. 75.
89  Vgl. Ufer, W. (1994), S. 10.

grenzung von Portfoliorisiken. Mit diesen Instrumenten ist es möglich, sowohl Informationsdefizite des Erwerbers als auch Anreizprobleme zu vermindern. Allerdings ist ein gezielter Einsatz von Index-Kreditderivaten nur möglich, wenn die Bank die Korrelationen zwischen ihren eigenen Positionen und den durch die Indizes ausgedrückten Risiken messen kann.[90]

In den USA werden die ersten Indexprodukte bereits am Markt gehandelt. So legt die Chicago Mercantile Exchange (CME) seit November 1998 Futures und Optionen auf den CME Quarterly Bankruptcy Index (CME QBI) auf.[91] Dieser Index erfasst sämtliche vor Gericht eingeleiteten Insolvenzfälle eines Quartals in den USA, wobei die Insolvenzen aus Konsumentenkrediten eindeutig dominieren.

Durch Verwendung eines solchen Indexproduktes als Underlying eines Kreditderivats ist es möglich, das Kreditrisiko eines gut diversifizierten, aus Konsumentenkrediten bestehenden Kreditportfolios durch den Erwerb von Derivaten auf den CME QBI wirkungsvoll zu hedgen. Dabei werden auch die Probleme einer asymmetrischen Informationsverteilung umgangen, da dieses Produkt zum einen allgemein beobachtbar und zum anderen von keinem einzelnen Akteur beeinflussbar ist.

## 7.4.3 Synthetische Verbriefungstransaktionen

Das dritte Instrument, welches zur Begrenzung von Portfoliorisiken vorgestellt werden soll, ist die synthetische Verbriefung von Aktiva, die sogenannte Synthetische Securitisation.

### 7.4.3.1 Allgemeines

Bei einer Synthetischen Securitisation (Not-True-Sale-Transaktion) handelt es sich um eine Kombination aus Asset Backed Securities und Kreditderivat, die auch als Collateralized Debt Obligation (CDO) bezeichnet wird. Besteht der Forderungspool aus Anleihen oder Bankkrediten, so spricht man von Collateralized Bond Obligations (CBOs) beziehungsweise Collateralized Loan Obligations (CLOs).[92]

Im Gegensatz zu einer traditionellen ABS-Transaktion (True-Sale-Transaktion) werden bei einer synthetischen Verbriefung die Bankforderungen nicht an das SPV übertragen, sondern bleiben im Bestand der Bank (Originator). Es findet lediglich ein Transfer der Kreditrisiken mittels Kreditderivaten (in der Regel Credit Default Swaps) auf die Zweckgesellschaft statt.[93]

---

90  Vgl. Elsas, R./Ewert, R./Krahnen, J. P./Rudolph, B./Weber, M. (1999), S. 198.
91  Vgl. Heidorn, T. (1999), S. 24.
92  Vgl. Hermann, F./Kirschner, W./Wiedemann, M. (2000), S. 362.
93  Vgl. Melzer, A. (2001), S. B02.

Diese wiederum tranchiert in der Regel das Kreditrisiko des Kreditportfolios in eine Senior-Tranche (AAA), eine Junior-Tranche (von AAA bis BB) und eine Eigenkapitaltranche.[94] Anschließend emittiert das SPV Wertpapiere an Investoren und investiert das dadurch eingenommene Geld im Falle einer Konstruktion mit Credit Default Swaps beispielsweise in OECD-Staatsanleihen, die der Bank verpfändet werden.[95]

Der Vorteil einer solchen Konstruktion gegenüber einer originären ABS-Transaktion liegt darin begründet, dass viele rechtliche, verwaltungstechnische und damit kostenintensive Probleme umgangen werden können, die sich aus der Übertragung der Forderungen, der Wahrung des Bankgeheimnisses und der Betreuung der Forderungen beim SPV ergeben könnten.[96] So müssten etwa im Rahmen von True-Sale-Transaktionen alle Grundschulden mit dem Verkauf übertragen werden.[97]

Ebenso vorteilhaft ist, dass im Gegensatz zu Transaktionen, die allein mit Kreditderivaten durchgeführt werden, eine Möglichkeit der „Zerstückelung" des Kreditportfolios in kleinere Tranchen möglich ist. Dies ermöglicht eine Streuung des Adressenausfallrisikos unter eine Vielzahl von Investoren.[98]

Trotz dieser Vorteile gibt es in Deutschland bisher keine nennenswerten ABS-Strukturen, bei denen die Kreditrisiken mehrer Banken in einer so genannten „Multi-Seller-Transaktion" verbrieft wurden. Dabei stellen die umfassenden Anforderungen der Ratingagenturen an Daten und Prozesse, unter anderem zur internen Kreditbeurteilung oder zu Ausfallraten, für die Verbriefung insbesondere von gewerblichen Krediten die größte Hürde dar.[99] Handelt es sich bei dem Forderungspool einer solchen Transaktion um gewerblichen Immobilien, so wird diese als Commercial Mortgage Backed Securities (CMBS) bezeichnet.[100] Private Wohnungsbauforderungen (Residential Mortgage Backed Securities oder kurz RMBS) hingegen, sind leichter in eine Transaktion einzubringen, da hier ein wesentlicher Teil der benötigten Informationen bereits in elektronischer Form vorliegt.[101]

Vor dem Hintergrund von Basel II wird mit der Einführung und Umsetzung von internen Ratingverfahren eine wesentliche Voraussetzung für eine einheitliche Datenbasis und somit die Grundlage für eine erfolgreiche Verbriefung von Forderungen aus dem gewerblichen Kreditgeschäft geschaffen. Auch die in Vorbereitung befindliche beziehungsweise teilweise schon angewandte Vereinheitlichung und Standardisierung bei Kreditprozessen, unter anderem als Folge der „Mindestanforderungen an das Kreditgeschäft der Kreditinstitute (MaK)" im Rundschreiben 34/2002 der BaFin wird diese Entwicklung fördern. Daneben ist auch festzustellen, dass sich das Pricing der Kreditforderungen in den jeweiligen

---

94  Vgl. Hermann, F./Kirschner, W./Wiedemann, M. (2000), S. 362.
95  Vgl. Melzer, A. (2001), S. B02.
96  Vgl. Melzer, A. (2001), S. B02.
97  Vgl. Remaklus, H. (2002), S. 945.
98  Vgl. Melzer, A. (2001), S. B02.
99  Vgl. Rahn, S./Ziese, M. (2002), S. 28-29.
100 Vgl. Hanker, P. (2002), S. 37.
101 Vgl. Rahn, S./Ziese, M. (2002), S. 28-29.

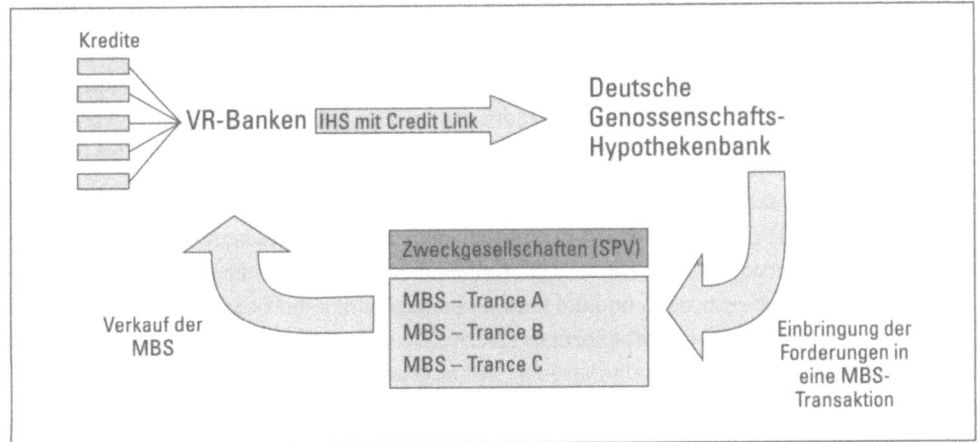

*Abbildung 19: Struktur der Pilot-Verbund-RMBS*
Quelle: Eigene Darstellung in Anlehnung an: Bolder, M./Doswald, H. (2002), S. 30.

Bonitätsklassen mehr und mehr vereinheitlicht. Somit stellt die Verbriefung von gewerblichen Krediten keine Vision mehr dar.[102]

## 7.4.3.2 Pilot-Verbund-RMBS

Unter dem Namen Pilot-Verbund-RMBS fand Ende 2002 erstmalig in Deutschland eine Multi-Seller-RMBS-Transaktion statt. Dieses Pilotprojekt, dass die DG HYP in Zusammenarbeit mit der KfW (im Rahmen des Provide-Programmes) und der DZ BANK durchführte, ermöglichte auch kleineren Instituten durch die Bündelung von Volumina am Kapitalmarkt teilzunehmen.[103]

Der Ablauf dieser Transaktion vollzieht sich in mehreren Schritten. Zuerst bündeln die Volks- und Raiffeisenbanken Wohnungsbaudarlehen privater Kreditnehmer zu einem Kreditportfolio. Jeder dieser Kredite muss dabei durch Grundpfandrechte (Hypotheken oder Grundschulden) an in Deutschland gelegenen Grundstücken gesichert sein. Im nächsten Schritt emittieren die Banken Inhaberschuldverschreibungen (IHS), deren Nominalvolumen der Höhe des abzusichernden Kreditportfolios entsprechen. Diese IHS werden mit dem 3-Monats-EURIBOR zuzüglich eines Aufschlages auf den jeweils noch ausstehenden Nominalbetrag verzinst und sind mit einem Credit Link versehen.[104]

---

102 Vgl. Rahn, S./Ziese, M. (2002), S. 28-29.
103 Vgl. Hanker, P. (2002), S. 37.
104 Vgl. Hanker, P. (2002), S. 37.

Bei Ausfällen innerhalb des Kreditportfolios reduziert sich somit der noch ausstehende (und somit auch zu verzinsende) Nominalbetrag in gleicher Höhe, sofern eine sogenannte Erstverlustposition überschritten wird. Dabei handelt es sich um ein Absicherungsinstrument, bei dem der Ausfall einzelner Kreditnehmer des Kreditportfolios als Verluste der Erstposition zugerechnet werden und von der kreditgebende Bank zu tragen sind.[105]

Anschließend werden die dem Kreditportfolio zugrunde liegenden Ausfallrisiken der Darlehen an die DG HYP „synthetisch" übertragen, das heißt es findet keine Bilanzverkürzung statt, da die Forderungen in der Bilanz der Ortsbank verbleiben. Auch bleiben die Transaktionen dem Kunden verborgen und die kreditgebende Bank kann flexibler auf Kundenwünsche reagieren. Durch ein vierteljährliches Berichtswesen sichert sich die DG HYP die Informationen über Veränderungen innerhalb des zugrundeliegenden Kreditportfolios.[106]

Daraufhin ergänzt die DG HYP die Forderungen mit eigener Aktiva und bringt diese in eine eigens für die Transaktion gegründete Zweckgesellschaft ein. Nachdem diese den Forderungspool tranchiert hat, emittiert sie die MBS. Dadurch stehen insbesondere den Genossenschaftsbanken MBS-Tranchen als Anlagemöglichkeit für die durch die Emission von IHS erhaltenen liquiden Mittel zur Verfügung, um aktiv Portfoliomanagement betreiben zu können.[107]

Das Pilotprojekt Verbund-RMBS dient in struktureller Hinsicht dazu, die Institute des genossenschaftlichen Verbundes an komplexere Transaktionen wie beispielsweise CMBS-Transaktionen heranzuführen, um die aufsichtsrechtlichen Anforderungen an die zukunftsgerichtete Banksteuerung im Rahmen von Basel II zu erfüllen.[108] Zukünftig sollte es auch möglich sein, solche Transaktionen nicht nur auf synthetischer Basis abzuwickeln, sondern tatsächlich Teile des Kreditportfolios zu handeln.[109]

# 7.5   Einführung einer Börse

Kreditderivate werden im Finanzwesen immer stärker zu Standardprodukten. Um die Fungibilität dieser Finanzinnovationen weiter zu erhöhen und die Anwendungsmöglichkeiten weiter auszubauen, wird oftmals der Wunsch nach einem Börsenhandel laut. Allerdings gibt es über die Einführung einer Börse für Kreditderivate in Bankenkreisen unterschiedliche Meinungen. Während sich (nicht namentliche bekannte) Fachleute der DZ BANK und der Helaba eine Einführung von Kreditderivaten in Form von Indexprodukten an Terminbörsen vorstellen können, erwarten hingegen die Experten der UBS Warburg, dass Kreditderivate außerhalb organisierter Börsen bleiben werden.[110]

---

105  Vgl. Hanker, P. (2002), S. 37.
106  Vgl. Hanker, P. (2002), S. 37.
107  Vgl. Remaklus, H. (2002), S. 943.
108  Vgl. Rahn, S./Ziese, M. (2002), S. 29.
109  Vgl. Hanker, P. (2002), S. 38.
110  Vgl. Cünnen, A./Rettberg, U. (2002), S. 25.

In Europa beschäftigen sich etablierte Börsen wie die London International Financial Futures and Options Exchange (LIFFE) oder die Eurex in Frankfurt ebenfalls mit der Einführung von standardisierten Kreditderivaten.[111] Bei der Eurex existieren allerdings zum momentanen Zeitpunkt keine konkreten Pläne für die Börseneinführung von Kreditderivaten. Da sich der Markt der Kreditderivate noch „zu sehr in den Kinderschuhen" befindet, gehen die Marktteilnehmer nicht davon aus, dass die weltgrößte Terminbörse bereits in naher Zukunft ein Produkt zur Marktreife bringt, das die Liquiditätsanforderungen börsengelisteter Futures erfüllt. Nach bisherigen Überlegungen erscheint ein Indexprodukt als der vielversprechendste Weg.[112]

# 7.6 Technische Innovationen

Aktuelle technische Entwicklungen ermöglichen eine weitere Erhöhung der Transparenz des Marktes der Kreditderivate. Dabei stechen besonders die Entwicklung einer modernen informationstechnologischen Infrastruktur sowie die Errichtung von Internethandelsplätzen hervor.

## 7.6.1 EDV-System

Teilnehmer einer Kreditderivatetransaktion werden nicht nur ihre personelle Fachkompetenz ausbauen, sondern ebenso eine angemessene informationstechnologische Infrastruktur aufbauen müssen.[113] Beim Aufbau eines solchen Systems muss allerdings darauf geachtet werden, dass Kreditderivate nicht in bestehende EDV-Systeme erfasst und abgewickelt werden, die für Zins-, Aktien- und Währungskursderivate entwickelt wurden. Dies liegt an ihrer speziellen Risikonatur, die es notwendig macht, dass die derzeit noch weit verbreiteten PC-Spreadsheet-Lösungen durch leistungsfähige Systeme für den Handel, die Überwachung und auch die Abwicklung dieser Instrumente ersetzt werden.[114]

## 7.6.2 Internethandelsplätze

Eine neue Möglichkeit zur Verbesserung der Liquidität des Kreditderivatemarktes sind Internethandelsplätze. Mittels dieser Dienstleistungsinnovation wird ein virtueller Marktplatz für Kreditrisiken angestrebt, auf dem künftig Risiken aus einem Kreditportfolio zum

---

111  Vgl. Burghof, H.-P./Henke, S. (2000), S. 35.
112  Vgl. Cünnen, A./Rettberg, U. (2002), S. 25.
113  Vgl. Drzik, J. P./Kuritzkes, A. (1998), S. 371.
114  Vgl. Hüttemann, P. (1999), S. 182.

Verkauf und Kreditrisikoprodukte zum Kauf „per Knopfdruck" angeboten werden sollen.[115]

Die individuellen Vorgehensweisen unterscheiden sich dabei deutlich voneinander. Die beiden Handelsplätze Creditex.com und Credittrade.com wollen den Marktteilnehmern eine internetbasierte Informations- und Transaktionsplattform bieten. Während dies die englische Credittrade.com über eine Kooperation mit dem führenden Kreditderivatebroker PrebonYamane versucht, wird der amerikanische Handelsplatz Creditex.com von der Bankenseite unter anderem von J.P. Morgan, der Deutschen Bank, der Canadian Imperial Bank of Commerce, Morgan Stanley Dean Witter, der Bank of Montreal und der WestLB unterstützt.[116]

Insgesamt bleibt festzuhalten, dass ein überprüfbares Urteil über die Qualität der Internetmarktplätze und das Erreichen der gesetzten Ziele zum aktuellen Zeitpunkt noch nicht möglich ist. Dies liegt hauptsächlich an dem derzeit noch beschränkten Zugang zu den genannten Homepages für Nicht-Händler.[117]

---

115  Vgl. Remaklus, H. (18/2002), S. 942.
116  Vgl. Burghof, H.-P./Henke, S. (2000), S. 35.
117  Vgl. Burghof, H.-P./Henke, S. (2000), S. 35.

# 8. Resümee

Zu Beginn dieses Buches wurden die grundlegenden Begriffe, die wichtigsten Vertragselemente sowie die Ausprägungsformen der Kreditderivate mit Preisermittlung skizziert. Daran schloss sich die Vorstellung der diversen Anwendungsmöglichkeiten in den Bereichen Aktivmanagement, Passivmanagement und Eigenhandel an. Hier zeigte sich, dass Kreditderivate sowohl zur Absicherung von Krediten, zur Übernahme von Kreditrisiken und zur Optimierung des Kreditrisikoportfolios als auch zur Absicherung der Refinanzierung geeignet sind. Auch die Möglichkeiten im Bereich des Handels, sei es zur Spekulation oder zur Erzielung von Arbitragegewinnen, wurden dargestellt.

Der nächste Teil zeigte die Entstehung, die bisherige Entwicklung, die aktuelle Struktur sowie die zukünftige Entwicklung des Marktes der Kreditderivate auf. Dabei wurde deutlich, dass der Kreditderivatemarkt ein rasantes Wachstum aufweist, aber sein Potenzial längst noch nicht ausgeschöpft hat. Diverse Hemmnisse verhindern zum momentanen Zeitpunkt eine höhere Fungibilität des Kreditderivatemarktes.

Neben den Informationsasymmetrien Adverse Selection und Moral Hazard sind dies auch die rechtlichen Unsicherheiten aufgrund mangelnder Standardisierung der Vertragsgestaltung, international uneinheitlicher aufsichtsrechtlicher Regelungen sowie der Wahrung des Bankgeheimnisses. Ferner begrenzt die mangelnde Transparenz durch unterschiedliche Verfahren der Quantifizierung des Kreditrisikos und durch die Komplexität der Preisermittlung die Fungibilität. Mangelndes Wissen über Kreditderivate bei den Marktteilnehmern, der Mangel an potenziellen Underlyings sowie technische Hemmnisse erweisen sich ebenfalls als Barrieren bei der weiteren Entwicklung des Kreditderivatemarktes.

Im letzten Teil des Buches wurde gezeigt, welche Maßnahmen zum Abbau dieser Hemmnisse notwendig sind, um eine Erhöhung der Fungibilität zu erreichen. Neben diversen Vorschlägen zur Überwindung von Informationsasymmetrien und zur Beseitigung rechtlicher Unsicherheiten erweist sich vor allem Basel II als großer Hoffnungsträger. Denn mit der geplanten Umsetzung dieser neuen Eigenkapitalvereinbarung werden sowohl einheitliche Verfahren zur Quantifizierung der Kreditrisiken als auch eine international einheitliche aufsichtsrechtliche Regelung geschaffen. Daneben wird sich ebenfalls die Standardisierung entsprechender Rahmenverträge weiter entwickeln und die Liquidität der Märkte für Kreditderivate entsprechend zunehmen.

Die Bildung von Portfolios ermöglicht es künftig auch kleineren und mittleren Unternehmen, am Kreditderivatemarkt teilzunehmen und zur Erhöhung der Fungibilität beizutragen. Dabei erwies sich besonders die synthetische Verbriefungstransaktion im genossenschaftlichen Finanzverbund, die Pilot-Verbund-RMBS, als eine innovative Methode, um den Kreditderivatemarkt fungibler zu machen. Es ist davon auszugehen, dass diese erstmalige Durchführung einer Multi-Seller-RMBS-Transaktion ihre Nachahmer finden und künftig auch auf CMBS ausgedehnt werden wird.

Ob sich in naher Zukunft die Überlegungen hinsichtlich der Errichtung einer Börse für Kreditderivate umsetzen und die Akzeptanz von Internethandelsplätzen ausdehnen lassen, bleibt abzuwarten.

Zusammenfassend ist festzustellen, dass zwar diverse Hemmnisse die Entwicklung des Kreditderivatemarktes begrenzen, aber die Notwendigkeiten zu deren Abbau und somit zur Erhöhung der Fungibilität des Marktes der Kreditderivate schon größtenteils in Angriff genommen wurden. Da es sich um einen noch relativ jungen Markt handelt, vollzieht sich dessen Entwicklungsprozess mit einer hohen Dynamik. Analog zur Evolution der marktpreisrisikoabhängigen Derivate ist davon auszugehen, dass sich auch die Entwicklung des Kreditderivatemarktes sprunghaft fortsetzen und somit zu einer deutlich erhöhten Fungibilität führen wird.

# Literaturverzeichnis

**Achleitner, A.-K. (2001):** Handbuch Investment Banking, Wiesbaden 2001.

**Adrian, R./Heidorn, T. (Hrsg.) (2000):** Der Bankbetrieb, Wiesbaden 2000.

**Barckow, A./Beike, R. (2002):** Risk-Management mit Finanzderivaten, München 2002.

**Becker, A./Wolf, M. (2000):** Organisation des Handels und Fragen des Risikomanagement aus Sicht der internen Revision, in: Burghof, H.-P./Henke, S./Rudolph, B./Schönbucher, P. J./Sommer, D. (Hrsg.): Kreditderivate, Stuttgart 2000, S. 371-395.

**Becker, A./Wolf, M. (1999):** Revision von Kreditderivaten, in: Eller, R./Gruber, W./Reif, M. (Hrsg.): Handbuch Kreditrisikomodelle und Kreditderivate, Stuttgart 1999, S. 593-644.

**Becker, H. P./Peppmeier, A. (2002):** Bankbetriebslehre, Ludwigshafen 2002.

**Büschgen, H. E. (1998):** Bankbetriebslehre, Wiesbaden 1998.

**Burghof, H.-P./Henke, S. (2000):** Alternative Produkte des Kreditrisikotransfers, in: Burghof, H.-P./Henke, S./Rudolph, B./Schönbucher, P. J./Sommer, D. (Hrsg.): Kreditderivate, Stuttgart 2000, S. 95-109.

**Burghof, H.-P./Henke, S. (2000):** Entwicklungslinien des Marktes für Kreditderivate, in: Burghof, H.-P./Henke, S./Rudolph, B./Schönbucher, P. J./Sommer, D. (Hrsg.): Kreditderivate, Stuttgart 2000, S. 21-42.

**Burghof, H.-P./Henke, S. (2000):** Kreditderivate und Bankenaufsicht – Entwicklungen und Perspektiven in Deutschland und international, in: Burghof, H.-P./Henke, S./Rudolph, B./Schönbucher, P. J./Sommer, D. (Hrsg.): Kreditderivate, Stuttgart 2000, S. 467-499.

**Burghof, H.-P./Henke, S./Schirm, A. (2000):** Kreditderivate im deutschen Finanzmarkt – Eine Umfrage unter Kreditinstituten, in: Burghof, H.-P./Henke, S./Rudolph, B./Schönbucher, P. J./Sommer, D. (Hrsg.): Kreditderivate, Stuttgart 2000, S. 135-166.

**Burghof, H.-P./Henke, S./Rudolph, B./Schönbucher, P. J./Sommer, D. (Hrsg.) (2000):** Kreditderivate, Stuttgart 2000.

**Dülfer, C. (2000):** Marktstruktur, Handelsplätze und Marktteilnehmer, in: Burghof, H.-P./Henke, S./Rudolph, B./Schönbucher, P. J./Sommer, D. (Hrsg.): Kreditderivate, Stuttgart 2000, S. 113-133.

**Eller, R./Gruber, W./Reif, M. (Hrsg.) (2001):** Handbuch Gesamtbanksteuerung, Stuttgart 2001.

**Eller, R./Gruber, W./Reif, M. (Hrsg.) (1999):** Handbuch Kreditrisikomodelle und Kreditderivate, Stuttgart 1999.

**Eilenberger, G. (1997):** Bankbetriebswirtschaftslehre, München 1997

**Franke, G. (2000):** Risikomanagement mit Kreditderivaten, in: Burghof, H.-P./Henke, S./Rudolph, B./Schönbucher, P. J./Sommer, D. (Hrsg.): Kreditderivate, Stuttgart 2000, S. 269-289.

**Gehrmann, V. (2000):** Kreditderivate im Kontext der Limitierung von Adressenausfallrisiken, in: Burghof, H.-P./Henke, S./Rudolph, B./Schönbucher, P. J./Sommer, D. (Hrsg.): Kreditderivate, Stuttgart 2000, S. 325-344.

**Hartmann-Wendels, T. (2000):** Bedingungen für die Handelbarkeit von Buchkrediten, in: Burghof, H.-P./Henke, S./Rudolph, B./Schönbucher, P. J./Sommer, D. (Hrsg.): Kreditderivate, Stuttgart 2000, S. 419-438.

**Hartmann-Wendels, T./Pfingsten, A./Weber, M. (2000):** Bankbetriebslehre, Heidelberg 2000.

**Hermann, F./Kirschner, W./Wiedemann, M. (2000):** Kreditderivate im institutionellen Portfoliomanagement in: Burghof, H.-P./Henke, S./Rudolph, B./Schönbucher, P. J./Sommer, D. (Hrsg.): Kreditderivate, Stuttgart 2000, S. 345-367.

**Hohl, S./Liebig, T. (1999):** Kreditderivate – ein Überblick, in: Eller, R./Gruber, W./Reif, M. (Hrsg.): Handbuch Kreditrisikomodelle und Kreditderivate, Stuttgart 1999, S. 499-525.

**Hüttemann, P. (1998):** Derivative Instrumente für den Transfer von Kreditrisiken, in: Oehler, A. (Hrsg.): Credit Risk und Value-at-Risk-Alternativen, Stuttgart 1998, S. 54-76.

**Hüttemann, P. (2000):** Financial Engineering mit Kreditderivaten in: Burghof, H.-P./Henke, S./Rudolph, B./Schönbucher, P. J./Sommer, D. (Hrsg.): Kreditderivate, Stuttgart 2000, S. 309-324.

**Hüttemann, P. (1999):** Kreditderivate im europäischen Kapitalmarkt, Wiesbaden 1999.

**Kassberger, S./Wentges, P. (1999):** Die Schätzung der Ausfallwahrscheinlichkeiten von Unternehmen, in: Eller, R./Gruber, W./Reif, M. (Hrsg.): Handbuch Kreditrisikomodelle und Kreditderivate, Stuttgart 1999, S. 23-50.

**Kretschmer, J. (1999):** Credit Risk+ – Ein portfoliooorientiertes Kreditrisikomodell, in: Eller, R./Gruber, W./Reif, M. (Hrsg.): Handbuch Kreditrisikomodelle und Kreditderivate, Stuttgart 1999, S. 359-384.

**Landry, S./Radeke, O. (1999):** Kreditderivate in der Praxis, in: Eller, R./Gruber, W./Reif, M. (Hrsg.): Handbuch Kreditrisikomodelle und Kreditderivate, Stuttgart 1999, S. 527-574.

**Meyer-Ramloch, D./Schulte-Mattler, H. (2000):** Bankaufsichtliche Behandlung von Kreditderivaten in Deutschland, in: Burghof, H.-P./Henke, S./Rudolph, B./Schönbucher, P. J./Sommer, D. (Hrsg.): Kreditderivate, Stuttgart 2000, S. 441-466.

**Müller, F. (2000):** Kreditderivate und Risikomanagement, Frankfurt 2000.

**Neske, C. (2000):** Grundformen von Kreditderivaten, in: Burghof, H.-P./Henke, S./Rudolph, B./Schönbucher, P. J./Sommer, D. (Hrsg.): Kreditderivate, Stuttgart 2000, S. 45-59.

**Nordhues, H.-G./Benzler, M. (2000):** Vertragsdokumentation und Standardisierung, in: Burghof, H.-P./Henke, S./Rudolph, B./Schönbucher, P. J./Sommer, D. (Hrsg.): Kreditderivate, Stuttgart 2000, S. 197-215.

**Nordhues, H.-G.; Benzler, M. (2000):** Zivilrechtliche Einordnung von Kreditderivaten, in: Burghof, H.-P./Henke, S./Rudolph, B./Schönbucher, P. J./Sommer, D. (Hrsg.): Kreditderivate, Stuttgart 2000, S. 169-196.

**Oehler, A. (Hrsg.) (1998):** Credit Risk und Value-at-Risk-Alternativen, Stuttgart 1998.

**Overbeck, L. (1999):** Die Portfolioversion des Asset-Value-Modells für das Kreditrisiko, in: Eller, R./Gruber, W./Reif, M. (Hrsg.): Handbuch Kreditrisikomodelle und Kreditderivate, Stuttgart 1999, S. 103-119.

**Pechtl, A. (1999):** Rationales Risikomanagement – Bewertungsansätze für Ausfallrisiken, in: Eller, R./Gruber, W./Reif, M. (Hrsg.): Handbuch Kreditrisikomodelle und Kreditderivate, Stuttgart 1999, S. 180-225.

**Peiß, S. (1998):** Management kumulierter Risiken bei Banken, Wiesbaden 1998.

**Posthaus, A. (2000):** Exotische Kreditderivate, in: Burghof, H.-P./Henke, S./Rudolph, B./Schönbucher, P. J./Sommer, D. (Hrsg.): Kreditderivate, Stuttgart 2000, S. 61-75.

**Sauter, W. (2000):** Grundlagen des Bankgeschäftes, Frankfurt 2000.

**Schierenbeck, H. (2001):** Ertragsorientiertes Bankmanagement, Band 2: Risiko-Controlling und integrierte Rendite-/Risikosteuerung, 7. vollständig überarbeitete und erweiterte Auflage, Wiesbaden 2001.

**Schulz, A. (1999):** Anforderungen des KonTraG an das Risikomanagement und Risikocontrolling im Firmenkundengeschäft bei Banken und Sparkassen, in: Eller, R./Gruber, W./Reif, M. (Hrsg.): Handbuch Kreditrisikomodelle und Kreditderivate, Stuttgart 1999, S. 477-496.

**Weber, M. (1999):** Netting – Ein Instrument zur Reduzierung des Kreditrisikos bei derivativen Geschäften, in: Eller, R./Gruber, W./Reif, M. (Hrsg.): Handbuch Kreditrisikomodelle und Kreditderivate, Stuttgart 1999, S. 459-475.

**Wohlert, D. (1999):** Die Benchmark zur Messung von Kreditrisiken: JP Morgans CreditMetrics, in: Eller, R./Gruber, W./Reif, M. (Hrsg.): Handbuch Kreditrisikomodelle und Kreditderivate, Stuttgart 1999, S. 337-358.

**Zmarsly, S. (2001):** Gesamtbanksteuerung aus makroökonomischer Sicht, in: Eller, R./Gruber, W./Reif, M. (Hrsg.): Handbuch Gesamtbanksteuerung, Stuttgart 2001, S. 122-169.

# Internet

**Bundesanstalt für Finanzdienstleistungsaufsicht (Hrsg.):** http://www.bafin.de, 04. November 2002.

**International Swaps and Derivatives Association, Inc. (Hrsg.):** http://www.isda.org, 17. November 2002.

**British Bankers' Association (Hrsg.):** http://www.bba.org.uk, 04. November 2002.

**Bank for International Settlements (Hrsg.):** http://www.bis.org, 04. November 2002.

**Deutsche Bundesbank (Hrsg.):** http://www.bundesbank.de, 25. November 2002.

**Systor GmbH & Co. KG (Hrsg.):** http://www.systor.com/core_special_basel2.htm, 08. November 2002.

# Persönliche Gespräche

**Lange, T.:** Kreditmanagement, DZ BANK AG, Frankfurt, 22. November 2002.

**Wellmann, H.:** Direktor, Group Funding – Funding Advisory Capital Markets, Dresdner Kleinwort Wasserstein, Frankfurt, 11. November 2002.

**Wiehagen, M.:** Kreditmanagement, DZ BANK AG, Frankfurt, 22. November 2002.

**Wilhelm, H.:** Vice President, Credit Derivatives Trading, Dresdner Kleinwort Wasserstein, London, 13. November 2002.

**Titsch-Rivero, A.:** Direktor, Derivate und strukturierte Produkte, ING BHF-Bank AG, Frankfurt, 13. November 2002.

# Sonstiges

**Baseler Ausschuss für Bankenaufsicht (2003):** Konsultationspapier, Die Neue Baseler Eigenkapitalvereinbarung, April 2003.

**Bundesanstalt für Finanzdienstleistungsaufsicht (Hrsg.) (1999):** Rundschreiben 10/99, Behandlung von Kreditderivaten im Grundsatz I gemäß §§ 10, 10a KWG und im Rahmen der Großkredit- und Millionenkreditvorschriften, 16. Juni 1999.

**Bowler, T./Folkerts-Landau, D./Knott, D./ Moulton, P./Tierney, J. F. (1999):** Kreditderivate, Deutsche Bank AG, Global Markets Research, 26. Juli 1999.

**British Bankers' Association (2002):** BBA Credit Derivatives Report 2001/2002, September 2002.

**Bundesverband der Deutschen Volksbanken und Raiffeisenbanken e. V. (BVR) (Hrsg.) (2002):** Rating als Chance, 1. Auflage, Berlin 2002.

**Euler, A./Holschuh, K. (1999):** Credit Default Swap, DZ BANK AG, DZ BANK Research, Dezember 1999.

**Heidorn, T. (1999):** Kreditderivate, Hochschule für Bankwirtschaft (HfB), Februar 1999.

**International Monetary Fund (2002):** Global Financial Stability Report, A Quarterly Report on Market Developments and Issues, März 2002.

**Merz, A. (2001):** Kreditderivate als innovatives Instrument zur Steuerung der Kreditrisiken, DZ BANK AG, Vortrag zum 2. Norddeutschen Bankentag in Lüneburg, 22. Juni 2001.

# Zeitschriftenbeiträge

**Auerbach, D./Hashagen, J. (1998):** Bilanzierung und Bewertung von Kreditderivaten, in: Die Bank, 10/1998, S. 625-629.

**Bolder, M./Doswald, H. (2002):** Reges Treiben im Lagerhaus für Immobilienkredite, in: Bankinformation, 10/2002, S. 30-33.

**Boos, K.-H./Meyer-Ramloch, D. (1999):** Kreditderivate: Die Regeln der Bankenaufsicht, in: Die Bank, 09/1999, S. 644-653.

**Burghof, H.-P.; Henke, S. (1999):** Kreditderivate und Eigenkapitalunterlegung: das Rundschreiben 10/99 des BAKred, in: Zeitschrift für das gesamte Kreditwesen, 14/1999, S. 726-733.

**Burghof, H.-P./Henke, S./Schirm, A. (2000):** Kreditderivate – Markt und Meinungen –, in: Die Bank, 08/2000, S. 536-539.

**Drzik, J. P./Kuritzkes, A. (1998):** Zukunftsszenarien des Kreditderivatemarktes, in: Die Bank, 06/1998, S. 368-371.

**Elsas, R./Ewert, R./Krahnen, J. P./Rudolph, B./Weber, M. (1999):** Risikoorientiertes Kreditmanagement deutscher Banken, in: Die Bank, 03/1999, S. 190-199.

**Entrop, O./Völker, J./Wilkens, M. (2001):** Strukturen und Methoden von Basel II – Grundlegende Veränderungen der Bankenaufsicht, in: Zeitschrift für das gesamte Kreditwesen, 04/2001, S. 187-193.

**Erxleben, S./Krob, B. (2002):** Turbo für Kreditgenossenschaften, in: Bankinformation, 03/2002, S. 28-32.

**Fischer, L. H. (1999):** Portfolio-Management für Kreditrisiken ermöglicht Pareto-Optimalität, in: Zeitschrift für das gesamte Kreditwesen, 04/1999, S. 177-180.

**Flesch, J. R. (2000):** Kreditderivate – Marktentwicklungen und Einsatzmöglichkeiten im Kreditrisikomanagement, in: Bankpraxis 2000, S. 101-107.

**Hanker, P. (2002):** Der virtuelle Marktplatz für Kreditrisiken, in: Bankinformation, 10/2002, S. 36-38.

**Harold, P./Prinker, E. (2000):** Credit Default Swaps, in: Zeitschrift für das gesamte Bank- und Börsenwesen, 06/2000, S. 453-460.

**Hügle, F. (1999):** Klumpenrisiken vermeiden, in: Bankmagazin, 05/1999, S. 34-37.

**Jansen, S./Kirmße, S. (2001):** BVR-II-Rating: Das verbundeinheitliche Ratingsystem für das mittelständische Firmenkundengeschäft, in: Bankinformation, 02/2001, S. 67-71.

**Jost, M./Siwik, T. (2000):** Bewertung von Kreditderivaten, in: Die Bank, 12/2000, S. 868-871.

**Kern, M./Kroschel, I./Peppmeier, A. (2002):** Rendite und Risiko im Portfoliozusammenhang, in: Chancen und Risikoaspekte des Immobilien-Investment Banking, Marktbericht XII der Westdeutschen Immobilien Bank, Juni 2002, S. 40-51.

**Klingen, E. (2002):** Neueste Entwicklungen, in: Genossenschaftsblatt, 09/2002, S. 28-29.

**Krumnow, J. (1999):** Kreditrisikomanagement bei der Deutschen Bank, in: Zeitschrift für das gesamte Kreditwesen, 03/1999, S. 118-122.

**Loch, F./Thelen-Pischke, H. (2001):** Basel II – Herausforderungen für die Geschäftsleitung der Institute, in: Zeitschrift für das gesamte Kreditwesen, 13/2001, S. 736-739.

**Parsley, M. (1996):** Credit derivatives get cracking, in: Euromoney, 03/1996, S. 28 ff.

**Pechtl, A. (1998):** Kreditrisiko und Bonität als handelbare Einheit, in: Bankmagazin, 02/1998, S. 30-32.

**Rahn, S./Ziese, M. (2002):** Auf die Plätze ..., in: Bankinformation, 10/2002, S. 28-29.

**Remaklus, H. (2002):** Aktives Risikomanagement – Eine Erweiterung der Wertschöpfungskette „Kredit", in: Zeitschrift für das gesamte Kreditwesen, 18/2002, S. 940-945.

**Rösch, D. (2001):** Transfer von Kreditrisiko, in: Kreditpraxis, 01/2001, S. 8-13.

**Savelberg, A. H. (1996):** Risikomanagement mit Kreditderivaten, in: Die Bank, 06/1996, S. 328-332.

**Sengera, J. (2002):** Verbriefung – und Disintermediation, in: Die Bank, 04/2002, S. 238-242.

**Schwaiger, W. S. A. (2000):** Ausfallrisiko und Erfolg von Kredit-Portfolios, in: Zeitschrift für das gesamte Bank- und Börsenwesen, 05/2000, S. 377-391.

**Ufer, W. (1994):** Stellen Sie die Weichen!, in: Bankmagazin, 11/1994, S. 8-13.

# Zeitungen

**Bräuer, N./Zwerenz, P. (1998):** Kreditderivate – Neue Instrumente bringen Bewegung in die Märkte, in: Handelsblatt, 01. Oktober 1998, S. 49.

**Cünnen, A./Rettberg, U. (2002):** Kreditderivate reduzieren das Risiko der Banken, in: Handelsblatt, 13. Mai 2002, S. 25.

**Grieger, D. M. F./Remy, U. E. (2000):** Kreditderivate unter den neuen BIZ-Richtlinien, in: Die Neue Zürcher Zeitung, 20. Juni 2000, S. 33.

**Herring, F./Kusserow, B. (1999):** Kreditderivate erleichtern die Feinsteuerung von Bonitätsrisiken, in: Handelsblatt, 23. September 1999, S. B11.

**Kuster, P. (2002):** Wie groß ist der Markt für Kreditderivate?, in: Finanz und Wirtschaft, 01. Juni 2002, S. 13.

**Melzer, A. (2001):** Mit Kreditderivaten sichern sich Banken gegen Bonitätsrisiken ab, in: Handelsblatt, 26. September 2001, S. B02.

**o. V. (18. Juni 1999):** BAKred verfasst Regeln für Kreditderivate, in: Börsen-Zeitung, 18. Juni 1999, S. 6.

**o. V. (01. November 2001):** Banken sehen Basel II auf dem richtigen Weg, in: Handelsblatt, 01. November 2001, S. 34.

**o. V. (20. November 2001):** Eichel schafft gläsernen Steuerbürgen, in: Handelsblatt, 20. November 2001, S. 3.

**o. V. (25. Februar 2003):** Deutsche Bank geht bei Großkrediten auf Nummer sicher, in: Handelsblatt, 25. Februar 2003, S. 22.

**Presber, M. (2002):** Die Vorschriften von Basel II machen Kreditrisikomanagement zur Pflichtaufgabe, in: Handelsblatt, 25. September 2002, S. B5.

**Rezmer, A. (2001):** Kreditderivate – neue Messlatte für Anleihen, in: Handelsblatt, 31. Mai 2001, S. 47.

**Volk, S. L. (1998):** Deutliche Zuwächse bei den Kreditderivaten, in: Börsen-Zeitung, 05. September 1998, S. B2.

**Walter, N. (2003):** Ratingagenturen fordern mehr Transparenz bei Kreditderivaten, in: Handelsblatt, 11. März 2003, S. 25.

# Register

# Banking im 21. Jahrhundert

## Der Klassiker für das Aktivgeschäft in Banken und Sparkassen

Topaktuell und noch übersichtlicher – so präsentiert sich dieses Standardwerk, das nun in der 6. Auflage völlig neu überarbeitet und wesentlich erweitert auf alle neuen Entwicklungen im Kreditgeschäft ausführlich eingeht.

Peter Rösler,
Thomas Mackenthun,
Rudolf Pohl
**Handbuch Kreditgeschäft**
6. Aufl. 2002. 1.135 S.
Geb. EUR 169,00
ISBN 3-409-40041-9

## Das Standardwerk für Finanzierungstheorie und -praxis

Passgenaue Finanzierungskonzepte sind ein Schlüsselfaktor für unternehmerischen Erfolg im globalen Wettbewerb. Dieses Handbuch bietet einen lückenlosen Überblick über Instrumente und Märkte.

Rolf-E. Breuer (Hrsg.)
**Handbuch Finanzierung**
3. Aufl. 2001. 772 S.
Geb. EUR 132,00
ISBN 3-409-99641-9

## Der Wegweiser für effizientes Asset Liability Management und professionelle Vermögensverwaltung

Dieses Handbuch bietet erstmals einen klaren und vollständigen Überblick über den komplexen, aber wichtigen Markt der Vermögensanlage von Versicherungs- und Investmentgesellschaften, Banken sowie anderer professioneller Investoren.

Hartmut Leser,
Markus Rudolf (Hrsg.)
**Handbuch Institutionelles Asset Management**
2003. 811 S.
Geb. mit SU EUR 139,00
ISBN 3-409-11893-4

Änderungen vorbehalten. Stand: Juli 2003.
Erhältlich im Buchhandel oder beim Verlag.

Gabler Verlag · Abraham-Lincoln-Str. 46 · 65189 Wiesbaden · www.gabler.de

**GABLER**

# Für Führungskräfte der Finanzwirtschaft

Kostenloses Probeheft unter:
Tel. 06 11.78 78-129
Fax 06 11.78 78-423

# Bankmagazin

- **Wissen im Überblick**
  Seit über 50 Jahren erläutern Experten fundierte Informationen und Trends aus der Bankbranche und geben Anwendungsbeispiele aus der Praxis.

- **Finanzvertrieb**
  Vertrieb und Beratung sind die **Gewinnfaktoren der Zukunft** und deshalb ein regelmäßiges Schwerpunktthema in Bankmagazin.

- **Rechtssicherheit**
  Die neuesten Urteile und **Kommentare zum Bankenrecht**. Damit Sie sich sicher entscheiden.

- **Bankmagazin erscheint 12x im Jahr.**

Wenn Sie mehr wissen wollen: **www.bankmagazin.de**
**Mit ausführlichem Archiv für alle Abonnenten.**

**Mit kostenlosem wöchentlichen E-Mail Newsletter.**

Änderungen vorbehalten. Stand: Juli 2003.

Gabler Verlag · Abraham-Lincoln-Str. 46 · 65189 Wiesbaden · www.gabler.de

**GABLER**

MIX
Papier aus verantwortungsvollen Quellen
Paper from responsible sources
FSC® C105338

If you have any concerns about our products,
you can contact us on
**ProductSafety@springernature.com**

In case Publisher is established outside the EU,
the EU authorized representative is:
**Springer Nature Customer Service Center GmbH**
**Europaplatz 3, 69115 Heidelberg, Germany**

Printed by Libri Plureos GmbH
in Hamburg, Germany